Prisma Lexicon
van de Italiaanse taal

Prisma Lexicon van de Italiaanse taal

Margot van Oosterhout-van Bragt

PRISMA

Uitgeverij Het Spectrum B.V.
Postbus 2073
3500 GB Utrecht

Omslagontwerp: Oranje Vormgevers, Eindhoven
Zetwerk: Elgraphic+DTQP bv, Schiedam
Druk: WS Bookwell Ltd, Finland

Eerste druk 2001

ISBN 90 274 7243 2
NUGI 942
www.spectrum.nl

A

aanspreekvormen

bij één persoon:
jij – *tu* (tweede pers. enk.)
Sei tu Paolo?
u – *lei* (derde pers. enk.)
Lei è il dottore?
bij meerdere personen:
jullie/u – *voi* (tweede pers.mv.)
Voi siete di Milano?
De regels met betrekking tot het tutoyeren en de beleefdheidsvorm zijn ongeveer hetzelfde als in het Nederlands. Tegen vreemden, ouderen en 'meerderen' gebruik je de beleefdheidsvorm. Tegen kinderen, vrienden en 'gelijken' zeg je gewoon 'jij'.

Zie ook 'persoonlijk voornaamwoord'.

aanvoegende wijs

Zie 'congiuntivo'.

aanwijzende voornaamwoorden

Er zijn twee verschillende aanwijzende voornaamwoorden:
questo – deze, dit (verwijst naar zaken/personen die dichtbij zijn)
quello – die, dat (verwijst naar zaken/personen die verder weg zijn, of die eerder genoemd zijn)
Aanwijzende voornaamwoorden kunnen zowel zelfstandig als bijvoeglijk gebruikt worden.

Zelfstandig gebruik:

Er is altijd overeenstemming in getal en geslacht tussen het aanwijzend voornaamwoord en het zelfstandig naamwoord waarop het betrekking heeft.
Quale vestito vuoi comprare? Questo o quello? – Welke jurk wil je kopen? Deze of die?
Vestito is mannelijk enkelvoud, dus *questo* en *quello*:
È quella, la tua moglie? – Is zij daar jouw vrouw?
Moglie is vrouwelijk enkelvoud, dus *questa* en *quella:*

Questi sono ragazzi simpatici. – Dit zijn sympathieke jongelui.
Ragazzi is mannelijk meervoud, dus *questi*.

Regelmatige zelfstandige vormen:

	enkelvoud		meervoud	
mannelijk	*questo*	*quello*	*questi*	*quelli*
vrouwelijk	*questa*	*quella*	*queste*	*quelle*

Bijvoeglijk gebruik:
Quello wordt hetzelfde gevormd als het voorzetsel + bepaald lidwoord. Voor een zelfstandig naamwoord dat met een klinker begint, wordt *questo* en *quello* geëlideerd (d.w.z. de o wordt weggelaten):
quest' idea – dit idee
quell' uomo – die man

Bijvoeglijke vormen:

	enkelvoud		meervoud	
mannelijk	questo libro	quel libro	questi libri	quei libri
	questo zaino	quello zaino	questi zaini	quegli zaini
	quest' anno	quell' anno	questi anni	quegli anni
vrouwelijk	questa stoffa	quella stoffa	queste stoffe	quelle stoffe
	quest' idea	quell' idea	queste idee	quelle idee

aardrijkskundige namen
Namen van steden, landen en bergen hebben wel of geen lidwoord bij zich en worden met een hoofdletter geschreven. Nationaliteiten daarentegen niet, die worden met de kleine letter geschreven omdat dit in het Italiaans een bijvoeglijk naamwoord is.
Ci sono tanti tedeschi al mare. – Er zijn veel Duitsers aan zee.
Namen van steden worden zonder lidwoord geschreven. Het lidwoord wordt wel gebruikt wanneer de steden een bepaling bij zich hebben.
Parigi è la capitale della Francia. – Parijs is de hoofdstad van Frankrijk.
Maar: la Parigi moderna – het moderne Parijs
Amsterdam è una bella città. – Amsterdam is een mooie stad.
Maar: L'Amsterdam della droga è meno bella. – Het Amsterdam van de drugs is minder mooi.
Namen van bergen, rivieren, meren, landen, eilanden, provincies en werelddelen worden met het lidwoord geschreven.
le Alpi – de Alpen
la Sicilia – Sicilië

De voorzetsels *a* en *in* geven beide 'een richting naar' en 'een verblijf in/op' aan.
a: bij steden, dorpen en kleine eilanden
in: bij landen, provincies, eilanden en werelddelen
Quest'estate andiamo in Italia, a Roma. – Deze zomer gaan we naar Italië, naar Rome.
Abito in Francia, a Parigi. – Ik woon in Frankrijk, in Parijs.

a/ad

Het voorzetsel en de klinker *a* worden *ad* voor een woord dat begint met een *a*. Het geeft vooral een richting, een gericht zijn op, of een bestemming aan in ruimte en tijd.
naar – plaats waarheen
Andate all'estero. – Jullie gaan naar het buitenland.
in, op – plaats waar
Mi piace stare all'ombra. – Ik verblijf graag in de schaduw.
om – tijd
Mi sveglio alle otto. – Ik word om acht uur wakker
wijze waarop
parlare a voce alta – met luide stem praten
middel/uitvoering
televisore a colori – kleurentelevisie
Enkele vaste uitdrukkingen met *a*:
a casa – thuis
a scuola – op/naar school
a letto – op/naar bed
a piedi – te voet
al cinema – in/naar de bioscoop
al bar – in/naar het café
al mare – naar/aan zee

abbastanza

Abbastanza is een bijwoord en betekent 'tamelijk' of 'voldoende'. Wanneer het een bijvoeglijk naamwoord of een ander bijwoord bepaalt, staat het vóór het bepaalde woord:
È abbastanza difficile. – Het is tamelijk moeilijk.
Om de betekenis meer reliëf te geven komt *abbastanza* erachter:
La scuola è grande abbastanza. – De school is groot genoeg.

absolute overtreffende trap (superlativo assoluto)

Er is geen sprake van een vergelijking. Het drukt iets uit dat 'heel' en 'zeer' + bijvoeglijk naamwoord is. De absoluut overtreffende

trap kan op verschillende manieren gevormd worden.
De meest gebruikelijke is door de eindklinker te vervangen door -*issimo*/*a*/*i*/*e*:
grande, grandissimo – zeer groot
bello, bellissimo – mooi, erg mooi
buono, buonissimo – lekker, heel erg lekker
Een andere manier om de absoluut overtreffende trap te vormen is door *molto* of een ander bijwoord voor het bijvoeglijk naamwoord te zetten:
grande, molto grande – groot, zeer groot
bello, estremamente bello – mooi, erg mooi
buono, molto buono – lekker, heel lekker
Soms zet men een voorvoegsel voor het bijvoeglijk naamwoord:
strapieno – heel erg vol
arcicontento – dolblij
Je kan ook het bijvoeglijk naamwoord herhalen of een tweede bijvoeglijk naamwoord toevoegen:
Sono solo solo. – Ik ben helemaal alleen.
una casa grande grande – een heel groot huis
pieno zeppo – stampvol
Onregelmatige vormen zijn:
buono ('goed') – ottimo
cattivo ('slecht') – pessimo
grande ('groot') – massimo
piccolo ('klein') – minimo
alto ('hoog') – sommo/supremo
basso ('laag') – infimo

accanto

Accanto is een bijwoord en betekent 'naast'. Het wordt vaak gevolgd door het voorzetsel *a*.
Abito accanto alla chiesa. – Ik woon naast de kerk.

accendere

Accendere betekent 'aansteken'. Het hulpwerkwoord is *avere* en het voltooid deelwoord is *acceso*.

indicativo pres.	*imperfetto*	*passato remoto*	*imperativo*
accendo	accendevo	accesi	-
accendi	accendevi	accendesti	accendi
accende	accendeva	accese	accenda
accendiamo	accendevamo	accendemmo	accendiamo

accendete	accendevate	accendeste	accendete
accendono	accendevano	accesero	accendano

congiuntivo presente	*congiuntivo imperfetto*
accenda	accendessi
accenda	accendessi
accenda	accendesse
accendiamo	accendessimo
accendiate	accendeste
accendano	accendessero

futuro	*condizionale*
accenderò	accenderei
accenderai	accenderesti
accenderà	accenderebbe
accenderemo	accenderemmo
accenderete	accendereste
accenderanno	accenderebbero

accentteken

Het *accento grave* (`) komt voor boven de beklemtoonde *a, i, u, o* en open *e*. Het *accento acuto* (´) komt voor boven de beklemtoonde gesloten *e*.

Accenttekens worden in de volgende gevallen gebruikt:

- bij de beklemtoonde eindklinker van meerlettergrepige woorden:
  caffè, perché, città
- bij de beklemtoonde eindklinker van een tweeklank in een éénlettergrepig woord:
  può, più, ciò
- facultatief, ter onderscheiding van woorden die alleen maar door de klemtoon van elkaar verschillen:
  àncora ('anker') – *ancora* ('nog')
  subito ('meteen') – subìto (voltooid deelwoord van *subire*, 'ondergaan')
- louter als hulpmiddel in de spelling ter onderscheiding van betekenis:
  dà ('hij geeft') – *da* ('van', 'vanaf')
  sì ('ja') – *si* ('zich', 'men')

-accio

Zie 'achtervoegsel'.

accordo del participio passato

Zie 'overeenstemming van het voltooid deelwoord'.

accorgersi (di qualcosa)

Accorgersi (di qualcosa) betekent 'iets opmerken' en is een wederkerend werkwoord. Het hulpwerkwoord is *essere*, het voltooid deelwoord is *accorto*.

ind. presente	*ind. imperfetto*	*passato remoto*	*imperativo*
mi accorgo	mi accorgevo	mi accorsi	-
ti accorgi	ti accorgevi	ti accorgesti	
si accorge	si accorgeva	si accorse	
ci accorgiamo	ci accorgevamo	ci accorgemmo	
vi accorgete	vi accorgevate	vi accorgeste	
so accorgono	si accorgevano	si accorsero	

congiuntivo presente	*congiuntivo imperfetto*
mi accorga	mi accorgessi
ti accorga	ti accorgessi
si accorga	si accorgesse
ci accorgiamo	ci accorgessimo
vi accorgiate	vi accorgeste
si accorgano	si accorgessero

futuro	*condizionale*
mi accorgerò	mi accorgerei
ti accorgerai	ti accorgeresti
si accorgerà	si accorgerebbe
ci accorgeremo	ci accorgeremmo
vi accorgerete	vi accorgereste
si accorgeranno	si accorgerebbero

achtervoegsels (*suffissi*)

Achtervoegsels worden voornamelijk aan zelfstandige naamwoorden en bijvoeglijke naamwoorden toegevoegd. Soms worden ze echter ook aan bijwoorden en werkwoorden toegevoegd. Ze komen in plaats van de eindklinker te staan en geven een uiting aan gevoelens van sympathie of antipathie van de spreker.
Sommige woorden lijken een achtervoegsel te hebben maar hebben dat niet.
Mulino (molen) is dus niet *mulo* + *ino* (in de betekenis van 'muildier')! De verkleining van *mulo* is *muletto*.

Sommige woorden hebben wel een achtervoegsel, maar hebben een geheel eigen betekenis gekregen.
busta ('envelop'), *bustina* ('zakje'), *bustarella* ('steekpenningen')
Zie ook 'bustarella'.
porta ('deur'), *portone* ('voordeur')
telefono ('telefoon'), *telefonino* ('gsm')

achtervoegsels die een depreciërende betekenis aan het woord geven

Het achtervoegsel *-accio* drukt gevoelens van minachting uit:
donnaccia – slechte vrouw
libraccio – slecht geschreven boek
Het achtervoegsel *-astro* drukt eveneens gevoelens van minachting uit, maar wordt gebruikt bij beroepen en kleuren:
rossastro – lelijk rood
medicastro – slechte dokter

achtervoegsels die vergrotend zijn

Let op: de toevoeging van *-one* aan vrouwelijke zelfstandige naamwoorden maakt deze mannelijk!
naso – nasone ('neus')
la testa – il testone ('hoofd')
Bijvoeglijke naamwoorden worden door toevoeging van *-one* vaak een zelfstandig naamwoord:
ricco – riccone ('rijkaard')

achtervoegsels die verkleinend zijn

-ino/a heeft een vertederende betekenis:
uccello – uccellino ('vogeltje')
bello – bellino ('nogal knap')
-etto/a
pezzo – pezzetto ('stukje')
-ello/a wordt minder frequent gebruikt dan *-etto* en wordt bovendien meer gebruikt in Zuid-Italië dan in Noord-Italië:
bambino – bambinello ('kindje')
-uccio/a is meestal ongunstig bedoeld, maar soms ook liefkozend:
bocca – boccuccia ('lief mondje')
-otto/a geeft aan dat iets van middelmatige afmeting is, en geeft een idee van forsheid:
ragazzo – ragazzotto ('flinke jongen')

adesso

Adesso is een bijwoord en betekent 'nu'.

affatto

Affatto betekent 'volkomen' of 'helemaal'. In de spreektaal heeft het de betekenis gekregen van een versterkt *no*, een ontkenning dus, als antwoord op een vraag (in plaats van *nient* gebruikt men *affatto*).

Hai caldo? Affatto! – Heb je het warm? Helemaal niet!

afkapping

'Afkapping' is het afstoten van een onbeklemtoonde eindklinker (*e* of *o*) van een meerlettergrepig woord waarna er één of meer lettergrepen overblijven na de *r*, *l*, *n*, (en soms ook de m).

N.B. Het is geen elisie (zie aldaar).

- vóór een medeklinker:
  mal di testa – hoofdpijn
- *infinito* + bijwoord of bijvoeglijk naamwoord bijwoordelijk gebruikt:
  parlar chiaro – duidelijk praten
- *infinito* + zelfstandig naamwoord:
  cambiar soldi – geld wisselen
- *infinito* + *infinito*
  saper dire – weten te zeggen
- *infinito* + voltooid deelwoord
  aver detto – hebben gezegd
- *vuole* + *infinito*
  non vuol dire – het wil niet zeggen
- in staande uitdrukkingen:
  Ben tornato! – Welkom thuis!

afkortingen

In adressen worden titels vaak afgekort. De meest voorkomende zijn:

Sig. – Signore
Sig.ra – Signora
Sig.na – Signorina
Dott. – Dottore
Dott.ssa – Dottoressa

Ook alle provincies hebben een afkorting van twee letters, behalve Rome, dat geen afkorting heeft. Tot midden jaren negentig kon je van het nummerbord op de auto precies aflezen uit welke provincie

iemand afkomstig was, omdat de afkorting erop stond. Er is dan ook veel protest geweest dat dit systeem werd afgeschaft, met name door Noord-Italianen.
TO = Torino, MI = Milano, PI = Pisa, FI= Firenze, BS = Brescia
Andere afkortingen zijn:
c/c – conto corrente ('lopende rekening')
C.A.P. – codice di avviamento postale ('postcode')

aftrekken
'10 – 3 = 7' wordt *10 meno 3 fa 7.*

aggettivi (gli)
Zie 'bijvoeglijke naamwoorden'.

aggettivi dimostrativi
Zie 'aanwijzende voornaamwoorden'.

aggettivi indefiniti
Zie 'onbepaalde bijvoeglijke naamwoorden'.

aggettivi interrogativi
Zie 'vragende bijvoeglijke naamwoorden'.

aggettivi possessivi
Zie 'bezittelijke bijvoeglijke naamwoorden'.

agosto
Agosto betekent 'augustus'.

al, allo, alla, ecc.
Zie 'voorzetsel verbonden met bepaald lidwoord'.

alcuni, alcune
Alcuni en *alcune* zijn onbepaalde voornaamwoorden en betekenen allebei 'enkele'. Ze kunnen zowel zelfstandig als bijvoeglijk worden gebruikt.
Zie ook 'qualche'.
Hai parlato con i genitori? – Ad alcuni sì. – Heb je met de ouders gesproken? Ja, met sommige.
Vorrei chieder Le alcune cose. – Ik zou u een paar dingen willen vragen.

alfabet

Het Italiaans kent 21 letters. De *j, k, w, x, y* en *z* zijn 'vreemde' letters. Woorden die deze letters hebben, zijn dus leenwoorden. Vaak worden de woorden veritaliaanst:
vodca – wodca
giudo – judo
cachi – kaki

alfabeto telefonico

Zie 'telefoonalfabet'.

alleen

Als bijwoord in de betekenis van 'alleen maar', 'slechts': *solo, solamente, soltanto, non...(altro) che*
Ho solo dieci fiorini. – Ik heb maar tien gulden.
Als bijvoeglijk naamwoord in de betekenis 'zonder gezelschap': *solo*
È venuto solo. – Hij is alleen gekomen.
Als bijvoeglijk naamwoord in de betekenis 'zonder hulp': *da solo/a/i/e*
Ce l' ho fatto da solo! – Ik heb het alleen gedaan!

allochtoon

Wat wij in Nederland onder 'allochtoon' verstaan, wordt in Italië aangeduid met *extracomunitario* (zie ook 'extracomunitario'). Het gaat dan meestal om iemand uit een arm land, meestal buiten de Europese Unie, die hierheen is gekomen om een beter en kansrijker bestaan op te bouwen.

alloctono

Hoewel *alloctono* lijkt op het Nederlandse woord 'allochtoon', is de betekenis 'zwerfkei'.

als, wanneer

Als voegwoord:
- 'wanneer', 'op het moment': *quando*
  Quando avrò 18 anni, mi sposerò. – Als ik 18 ben, ga ik trouwen.
- 'indien': *se*
  Se corri, non perderai il treno. – Als je rent mis je de trein niet.

N.B. *Quando* en *se* zijn ook uitwisselbaar bij het overlappen van betekenis:
Se/quando ti dico di sì, non devi aspettare! – Als ik zeg dat het mag, moet je niet wachten.

altijd
'Altijd' wordt vertaald met *sempre*:
Lavori sempre in ufficcio? – Werk je nog altijd op kantoor?
Ti amo per sempre. – Ik hou voor altijd van je.
È stato sempre così. – Het is altijd al zo geweest.
Een vertaling met *ancora* kan ook voorkomen:
Non riesco ancora a capire... – Ik begrijp nog altijd niet...

alto
Alto is een bijvoeglijk naamwoord en betekent 'hoog'.

altrettanto
Altrettanto betekent 'evenveel'.
Ho molti libri. Luigi ne ha altrettanti. – Ik heb veel boeken. Luigi heeft er evenveel.

altro
Altro is een onbepaald voornaamwoord en kan – afhankelijk van hoe het wordt gebruikt – verschillende betekenissen hebben.
Als het zelfstandig wordt gebruikt, betekent het 'iets' of 'iemand anders':
L'altro sarebbe più gentile. – De ander zou vriendelijker zijn.
Als het bijvoeglijk wordt gebruikt, betekent het 'ander' of 'nog':
È un altro libro. – Het is een ander boek.

altri due/due altri
Altri due en *due altri* betekenen 'nog twee':
Ho avuto altri due regali/vorrei avere due altri. – Ik zou er nog twee willen.

altrui
Altrui heeft de bezittelijke betekenis 'van anderen', 'andermans':
l'altrui dolore – het verdriet van anderen

ambedue
Ambedue is een collectief telwoord en wordt voornamelijk in de schrijftaal gebruikt. Het betekent 'allebei'.
Ambedue i libri vanno letti! – Beide boeken dienen te worden gelezen!

anche
Anche betekent 'ook'. Zowel *anche* en *neanche* staan altijd voor

het woord waar ze betrekking op hebben.
Viene anche tuo fratello? – Komt jouw broer ook?

ancora

Ancora is een bijwoord en betekent 'nog'.
Ne prendo ancora una. – Ik neem er nog een.

andare

Andare is een onregelmatig werkwoord en betekent 'gaan'. Het is alleen onregelmatig in de onvoltooid tegenwoordige tijd. Het hulpwerkwoord is *essere*, het voltooid deelwoord is *andato*.
Als hulpwerkwoord in de derde persoon enkelvoud of meervoud + voltooid deelwoord is de betekenis 'behoren', 'moeten'
Le finestre vanno chiuse. – De ramen moeten gesloten worden.

indicativo pres.		*imperfetto*	*passato remoto*	*imperativo*
io	vado	andavo	andai	-
tu	vai	andavi	andasti	va
lui	va	andava	andò	vada
noi	andiamo	andavamo	andammo	andiamo
voi	andate	andavate	andaste	andate
loro	vanno	andavano	andarono	vadano

congiuntivo presente	*congiuntivo imperfetto*
io vada	andassi
voi vada	andassi
lui vada	andasse
noi andiamo	andassimo
voi andiate	andaste
loro vadano	andassero

futuro	*condizionale*
io andrò	andrei
tu andrai	andresti
lui andrà	andrebbe
noi andremo	andremmo
voi andrete	andreste
loror andranno	andrebbero

Uitdrukkingen met *andare* zijn:
andare coi piedi di piombo – heel voorzichtig doorgaan, zonder risico te nemen

andare, venire a Canossa – nederig excuses aanbieden

andare a + infinito

Als je in het Italiaans wilt aangeven dat je iets gaat doen gebruik je *andare*, gevolgd door het voorzetsel *a* en dan pas de infinitief:
andare a trovare qualcuno – iemand gaan opzoeken
andare a fare la spesa – boodschappen gaan doen
andare a prendere mio figlio – mijn kind op gaan halen

andare in + vervoermiddel

Wanneer men aangeeft met welk vervoermiddel men zich voortbeweegt, gebruikt men het voorzetsel *in*:
andare in treno, in bici, in macchina, in aereo, in barca – met de trein, de fiets, de auto, het vliegtuig, de boot gaan
Let op: andare a piedi – te voet gaan
Di solito vado in bicicletta, ma quando piove vado in macchina e quando fa molto caldo vado a piedi. – Meestal ga ik op de fiets, maar als het regent ga ik met de auto en als het heel warm is te voet.

andare of venire

Normaal gesproken wordt 'gaan' vertaald met *andare* en 'komen' met *venire*. 'Meegaan met' wordt echter vertaald met *venire*:
Vado in discoteca. Hai voglia di venire con me? – Ik ga naar de disco. Heb je zin om met me mee te gaan?

ander

- de anderen: *gli altri*
  Gli altri vanno via. – De anderen gaan weg.
- de een ...de ander: *l'uno...l'altro, gli uni...gli altri, alcuni...altri, chi..chi*
  l'uno fa questo, l'altro fa quello. – De een doet dit, de ander doet dat.
  Je kan ook zeggen:
  gli uni fanno questo, gli altri fanno quello
  c'è chi fa questo, c'è chi fa quello
- andermans: *altrui, degli altri*
  l'altrui dolore/il dolore degli altri – andermans verdriet

apenstaartje (@)

Het 'apenstaartje' (@) heet in het Italiaans *chiocciola* ('huisjesslak' of 'slakkenhuis in het oor').
Zie ook 'internettaal'.

apparire

Apparire betekent 'verschijnen'. Het hulpwerkwoord is *essere*, het voltooid deelwoord *apparso*.

ind. presente	*imperfetto*	*passato remoto*	*imperativo*
appaio/ apparisco	apparivo	apparvi/apparsi/	-
			apparii
appari/ apparisci	apparivi	apparisti	appari/ apparisci
appare/ apparisce	appariva	apparve/ apparse/apparì	appaia/ apparisca
appariamo	apparivamo	apparimmo	appariamo
apparite	apparivate	appariste	apparite
appaiono/ appariscono	apparivano	apparvero/ apparsero/ apparirono	appaiano/ appariscano

congiuntivo presente	*imperfetto*
io appaia/ apparisca	apparissi
tu appaia/ apparisca	apparissi
lui appaia/ apparisca	apparisse
noi appariamo	apparissimo
voi appariate	appariste
loro appaiano/ appariscano	apparissero

futuro	*condizionale*
io apparirò	apparirei
tu apparirai	appariresti
lui apparirà	apparirebbe
noi appariremo	appariremmo
voi apparirete	apparireste
loro appariranno	apparirebbero

appartenere

Appartenere betekent 'toebehoren'.
Zie 'tenere' voor de vervoeging.

aprire

Aprire betekent 'openen'. Het hulpwerkwoord is *avere*, het voltooid deelwoord is *aperto*.

ind. presente	*imperfetto*	*passato remoto*	*imperativo*
io apro	aprivo	aprii/ apersi	-
tu apri	aprivi	apristi	apri
lui apre	apriva	aprì/ aperse	apra
noi apriamo	aprivamo	aprimmo	apriamo
voi aprite	aprivate	apriste	aprite
loro aprono	aprivano	aprirono/ apersero	aprano

congiuntivo presente	*congiuntivo imperfetto*
io apra	aprissi
tu apra	aprissi
lui apra	aprisse
noi apriamo	aprissimo
voi apriate	apriste
loro aprano	aprissero

futuro	*condizionale*
io aprirò	aprirei
tu aprirai	apriresti
lui aprirà	aprirebbe
noi apriremo	apriremmo
voi aprirete	aprireste
loroapriranno	aprirebbero

-are

Zie de regelmatige vervoeging op *-are*, bijvoorbeeld *parlare*.
Het Italiaans kent 3 vervoegingen. Vervoegingen op *-are* worden tot de eerste groep gerekend, die op *-ere* tot de tweede en die op *-ire* tot de derde.

articoli (gli)

Zie 'lidwoorden'.

articoli determinativi

Zie 'bepaald lidwoord'.

articoli indeterminativi

Zie 'onbepaald lidwoord'.

articolo partitivo

Zie 'delend lidwoord'.

assolutamente

Assolutamente betekent 'absoluut'. In de spreektaal heeft het de betekenis van een versterkt *no* gekregen als antwoord op een vraag (in plaats van *assolutamente no*).

-astro

Zie 'achtervoegsel'.

attendere

Attendere betekent 'wachten op'. De vervoeging is gelijk aan *prendere*.

attrarre

Attrare betekent 'aantrekken'. De vervoeging is gelijk aan *trarre*.

autunno

Autunno betekent 'herfst'.

avere

Avere is een onregelmatig werkwoord en wordt ook als hulpwerkwoord gebruikt. De betekenis is 'hebben'. Het hulpwerkwoord is *avere*, het voltooid deelwoord *avuto*.

indicativo

presente	*imperfetto*	*passato remoto*	*imperativo*
io ho	avevo	ebbi	-
tu hai	avevi	avesti	abbi
lui ha	aveva	ebbe	abbia
noi abbiamo	avevamo	avemmo	abbiamo
voi avete	avevate	aveste	abbiate
loro hanno	avevano	ebbero	abbiano

congiuntivo presente	*congiuntivo imperfetto*
io abbia	avessi
tu abbai	avessi
lui abbia	avesse
noi abbiamo	avessimo
voi abbiate	aveste
loro abbiano	avessero

futuro	*condizionale*
io avrò	avrei
tu avrai	avresti
lui avrà	avrebbe
noi avremo	avremmo
voi avrete	avreste
loro avranno	avrebbero

Uitdrukkingen met *avere* zijn:
avere voce in capitolo – een stem in het kapittel hebben
avere il bernoccolo per le lingue – een talenknobbel hebben

aver bisogno di
Aver bisogno di betekent 'nodig hebben' of 'moeten'. Als het lijdend voorwerp in het Nederlands een persoonlijk voornaamwoord is moet je *aver bisogno* gebruiken:
Ik heb hem nodig. – Ho bisogno di lui.

Zie ook 'occorrere', 'volerci' en 'servire a qualcuno'.

avere + ci
Bij *avere* als hoofdwerkwoord geeft *ci* slechts ondersteuning aan *avere* en heeft het dus geen specifieke betekenis. Bij *avere* als hulpwerkwoord is *ci* niet mogelijk (alleen in de betekenis van 'er'). In de spreektaal staat er vaak *lo, la, li* of *le* bij.
Ce l'ho. – Ik heb het.
Ce l' hai la bici? – Heb jij een fiets?

avverbi (gli)
Zie 'bijwoorden'.

l'Avvocato
L'avvocato betekent 'de advocaat'. Het wordt ook gebruikt als benaming voor Gianni Agnelli, eigenaar en oud-president van FIAT.

B

babbo

Il babbo is Toscaans voor 'papa' (*papà*) , maar met meer affectie. Een bekend voorbeeld is *Babbo Natale*, de Kerstman.

barbarismo

Il barbarismo betekent 'het onnodig gebruik maken van buitenlandse woorden'. Samen met *idiotismo* is dit de grootste nachtmerrie van de puristen.
Jolly in plaats van *la matta*, 'de joker' (in kaartspel), of 'gek', komt niet zoveel voor in het Italiaans als in het Nederlands, waarschijnlijk omdat men in Italië alles nasynchroniseert. Nieuwe woorden als computer worden direct overgenomen uit het Engels en kennen geen vertaling in het Italiaans. Zodoende zijn dit soort woorden dan ook geen barbarismi.

basso

Basso is een bijvoeglijk naamwoord en betekent 'laag'. Het kan ook als bijwoord worden gebruikt. *Basso* blijft dan onveranderlijk.
parlare basso – zacht spreken

be', beh

Afkapping van *bene*.
Zie ook 'afkapping'.

Befana

La Befana is de goedaardige 'lelijke heks' die op 6 januari op een bezem bij lieve kinderen cadeautjes brengt en bij stoute kinderen kolen. Dit is een *idiotismo* (zie aldaar), want de correcte Italiaanse benaming is *l'Epifania*.

behalve

Het voorzetsel 'behalve' wordt als volgt vertaald:

- *oltre a*/*oltre che* ('bovendien')
  Oltre a me, c'era anche lui. – Behalve ik, was hij er ook.
  Oltre che essere bello, è anche intelligente. – Hij is niet alleen knap, maar nog intelligent ook.

- tranne, salvo

  C'erano tutti, tranne il nonno. – Iedereen was er, behalve zijn opa.
  Il negozio è aperto tutti i giorni salvo la domenica. – De winkel is iedere dag geopend, behalve op zondag.

behoren, moeten

'Behoren' en 'moeten' worden vertaald met *andare*, als hulpwerkwoord in de derde persoon enkelvoudig samengestelde tijd + voltooid deelwoord.
I quadri non vanno toccati. – Het is verboden de schilderijen aan te raken.
I vestiti vanno lavati. – De kleren moeten gewassen worden.

beide

'Beide' kan op twee manieren worden vertaald:
- *ambedue, entrambi* + lidwoord (schrijftaal)
- *tutt' e due/tutte e due*

  Entrambi i giudici sono stati uccisi. – Beide rechters zijn vermoord.
  Tutte e due le mie figlie sono un po' pigre. – Allebei mijn dochters zijn een beetje lui.

beklemtoond persoonlijk voornaamwoord

Voor de vormen: zie 'persoonlijk voornaamwoord'. Het beklemtoond persoonlijk voornaamwoord wordt gebruikt als er nadruk ligt op de persoon, wanneer er geen werkwoord in de zin staat en na voorzetsels.
Sei tu Angela? – Ben jij Angela?
Chi l' ha visto? – Io! – Wie heeft hem gezien? – Ik!
Ho dato il libro a lei. – Ik heb het boek aan haar gegeven.

beleefdheidsvorm

- u enkelvoud: *Lei*

  Lei desidera? – Wat wenst u?
- u meervoud: *voi*

  Venite con me. – Komt u/Komen jullie met mij mee.
  Loro (derde persoon meervoud) is een erg formele vorm en wordt praktisch niet gebruikt.

bello

Het bijvoeglijk naamwoord *bello* betekent 'mooi'. Het staat vaak vóór het zelfstandig naamwoord. Dan wordt het gevormd zoals het bepaald lidwoord. Indien het erachter staat, behoudt het de volledige vorm: *bello, bella, belli, belle*.

il= bel	i = bei
lo= bello	gli = begli
l'= bell'	gli = begli
la = bella	le = belle
l' = bell'	le = belle

Sono bei cavalli. – Het zijn mooie paarden.
I cavalli sono belli. – Het zijn mooie paarden.

bene

Het bijwoord *bene* betekent 'goed' en is onveranderlijk.

bepaald lidwoord

In het Italiaans wordt het bepaald lidwoord vaker gebruikt dan in het Nederlands.
Het wordt gebruikt vóór:

- landennamen, eilanden, e.d.
  i Paesi Bassi – Nederland
  il Belgio – België
- talen
  il tedesco – Duits
- begrippen die in algemene zin gebruikt worden
  Ti piace il calcio? – Vind je voetbal leuk?
- bezit
  Ce l'hai la bici? – Heb jij een fiets?
- uiterlijke kenmerken
  Ha gli occhi blu. – Hij heeft blauwe ogen.
- tijd
  Sono le due. – Het is twee uur.
- meneer, mevrouw + naam
  il signor Rossi – meneer Rossi (behalve als je hem aanspreekt, dan vervalt het lidwoord)
- bezittelijk voornaamwoord
  il mio cavallo – mijn paard

bere

Het werkwoord 'drinken' (*bere*) is onregelmatig in de infinitief en in de futuro/condizionale! Oorspronkelijk was het werkwoord *bevere*; het heeft nu een samengetrokken vorm in de infinitief. Het hulpwerkwoord is *avere*, het voltooid deelwoord is *bevuto*.

ind. presente	*imperfetto*	*passato remoto*	*imperativo*
io bevo	bevevo	bevvi/bevetti	-
tu bevi	bevevi	bevesti	bevi
lui beve	beveva	bevve/bevette	beva
noi beviamo	bevevamo	bevemmo	beviamo
voi bevete	bevevate	beveste	bevete
loro bevono	bevevano	bevvero/bevettero	bevano

congiuntivo presente	*cogiuntivo imperfetto*
beva	bevessi
beva	bevessi
beva	bevesse
beviamo	bevessimo
beviate	beveste
bevano	bevessero

futuro	*condizionale*
berrò	berrei
berrai	berresti
berrà	berrebbe
berremo	berremmo
berrete	berreste
berranno	berrebbero

Uitdrukkingen met *bere* zijn:
Chi non beve in compagnia o è un ladro o è una spia. – letterlijk: Wie niet in gezelschap drinkt is òf een dief, òf een spion.
Er wordt vanzelfsprekend van uitgegaan dat je in gezelschap jezelf niet afzondert. Als je dat wel doet wordt dat met achterdocht bekeken.
Bere le parole di qualcuno. – Heel goed naar iemand luisteren.
Bere come una spugna. – lett: Drinken als een spons.
Hier wordt bedoeld dat iemand veel alcohol drinkt.

betrekkelijke bijzinnen met *che* en *chi*

- *che* slaat op in de hoofdzin genoemde personen/dingen in enkelvoud/meervoud
- *chi* slaat op personen in het algemeen
  Conosci mia sorella che vive a Palermo? – Ken je mijn zus die in Palermo woont?
  Puoi chiedere a chi vuoi. – Je kunt het vragen aan wie je wilt.

betrekkelijk voornaamwoord

Het betrekkelijk voornaamwoord verwijst naar zaken en personen in enkelvoud en meervoud:

- *che* ('die', 'dat') verwijst naar het onderwerp of lijdend voorwerp en komt nooit na een voorzetsel
  È una canzone che piace a tutti. – Dat is een liedje dat iedereen mooi vindt.
- *cui* (('van)wie', 'die', 'dat') komt na een voorzetsel in functie van onderwerp of lijdend voorwerp
  È una canzone di cui si parla molto. – Dat is een liedje waarover veel gepraat wordt.
- *il quale* ('die', 'dat') wordt gebruikt om verwarring te voorkomen in plaats van *che* of *cui*.
  È la sorella di Luigi, la quale vive in America. – Het is de zus van Luigi, die in Amerika woont.
- *chi* ('wie') voor personen hetzelfde als *colui che, coloro che*
  Chi fa per sè fa per tre. – Wie voor zichzelf werkt, werkt voor drie.
  Chi cerca trova. – Wie zoekt, die vindt.
- quanto ('wat') voor zaken hetzelfde als *quello che*
  Quanto ho detto è la verità. – Wat ik heb gezegd, is waar.

bevestigende zin

Een bevestigende zin bestaat uit een onderwerp + gezegde:
Luigi è un ragazzo fortunato. – Luigi is een bofkont.

bezig zijn met

Zie '*stare* + gerundio'.

bezittelijk voornaamwoord

Het bezittelijk voornaamwoord geeft aan aan wie iets of iemand toebehoort. Het wordt in het Italiaans minder vaak gebruikt dan in het Nederlands. Wanneer voor de hand ligt aan wie iets of iemand toebehoort, wordt het bepaald lidwoord gebruikt (bijvoorbeeld lichaamsdelen, kledingstukken, familieleden, etc.).
Chiudi gli occhi. – Sluit je ogen.
Vedo il nonno ogni giorno. – Ik zie mijn opa elke dag.
Mi metto i jeans. – Ik doe mijn spijkerbroek aan.

	enkelvoud		*meervoud*	
	m.	vr.	m.	vr.
1e pers. ev	mio	mia	miei	mie
2e	tuo	tua	tuoi	tue

3e	suo	sua	suoi	sue
1e pers. mv	nostro	nostra	nostri	nostre
2e	vostro	vostra	vostri	vostre
3e	loro	loro	loro	loro

bezittelijk bijvoeglijk naamwoord

Het bezittelijk bijvoeglijk naamwoord stemt in geslacht en getal overeen met het zelfstandig naamwoord waar het bij hoort. Alleen *loro* blijft onveranderlijk. Het wordt altijd voorafgegaan door het lidwoord:
Abbraccio il tuo cane. – Ik omhels je hond.
Behalve bij benamingen van verwanten in het enkelvoud:
Abbraccio mio padre. – Ik omhels mijn vader.

Benamingen van verwanten waar wél een lidwoord bij staat:
Abbraccio i loro bambini. – Ik omhels hun kinderen.
Conosco la loro figlia. – Ik ken hun dochter.
Als het bezittelijk voornaamwoord volgt:
Abbraccio la madre nostra. – Ik omhels onze moeder.
Bij koosnaampjes zoals *papà, mamma, babbo*
Abbraccio il mio babbo. – Ik omhels mijn papa.
La mia mamma è grande. – Mijn moeder is fantastisch.
Bij achtervoegsels, zoals *fratellino, sorellina*
Ecco la mia sorellina. – Daar is mijn zusje.
Bij een nadere bepaling:
Abbraccio il mio fratello maggiore. – Ik omhels mijn oudste broer.

bijvoeglijk naamwoord

Het bijvoeglijk naamwoord geeft een eigenschap aan van het zelfstandig naamwoord waar het bij hoort; ook de uitgang van het bijvoeglijk naamwoord richt zich in getal en geslacht naar datzelfde zelfstandig naamwoord.
Bijna alle regels met betrekking tot getal en geslacht zijn analoog aan die van het zelfstandig naamwoord (zie 'zelfstandig naamwoord' en 'kleuren').
De plaats van het bijvoeglijk naamwoord is voor of achter het zelfstandig naamwoord.
In de meeste gevallen staat het achter het zelfstandig naamwoord, zeker als het een kenmerkende eigenschap aanduidt (kleur, nationaliteit, godsdienst, e.d.) en als er nadruk op ligt. Bovendien staat het erachter wanneer het bijvoeglijk naamwoord een stuk langer is dan het zelfstandig naamwoord.
una tavola rotonda – een ronde tafel

un vestito nero – een zwarte jurk
una donna cattolica – een katholieke vrouw
il presidente comunista – de communistische president
un film straordinario – een heel mooie film
Het staat voor het zelfstandig naamwoord als het niet de aandacht moet trekken en als de eigenschap die het weergeeft als normaal en bekend kan worden verondersteld: la vecchia nonna – de oude oma
Bijvoeglijke naamwoorden die over het algemeen voor het zelfstandig naamwoord staan, zijn *bello, brutto, buono, cattivo, grande, piccolo, lungo* en *breve*.
Wanneer deze weer nader worden bepaald komen ze achter het zelfstandig naamwoord te staan:
un bel vestito – un vestito molto bello – een mooi pak
Soms verandert de betekenis van het bijvoeglijk naamwoord door de plaats die het inneemt in de zin. In de regel kun je zeggen dat wanneer het bijvoeglijk naamwoord achter het zelfstandig naamwoord staat, de betekenis het meest letterlijk is.
Nuovo ('nieuw'), *grande* ('groot'), *povero* ('arm'), *buono* ('goed'), *bravo* ('braaf'), *caro* ('duur'), *famoso* ('beroemd'), *solo* ('alleen').
Ho comprato una nuova macchina. – Ik heb een nieuwe (andere) auto gekocht.
Ho comprato una macchina nuova. – Ik heb een (spiksplinter)nieuwe auto gekocht.

bijwoord

Bijwoorden zijn onveranderlijk. Ze zeggen iets over het werkwoord, een bijvoeglijk naamwoord of een ander bijwoord.

- Het bijwoord wordt gevormd door *-mente* toe te voegen aan de vrouwelijke vorm van het bijvoeglijk naamwoord.
  lento – lentamente (langzaam)
- Bij bijvoeglijke naamwoorden op *-le* of *-re* voorafgegaan door een klinker valt de eindklinker weg.
  facile – facilmente (makkelijk)
  leggero – leggermente (licht)
- Sommige bijvoeglijke naamwoorden krijgen de functie van bijwoord en zijn dan onveranderlijk, zoals *basso, chiaro, piano, forte, giusto, vicino* en *lontano*.
  parlare chiaro – duidelijk praten
- Er zijn bijwoorden met een eigen vorm. Deze zijn meestal afkomstig uit het Latijn, zoals *bene, male, insieme* en *volentieri*.
  Lo faccio volentieri. – Ik doe het graag.
  Hai fatto male. – Dat heb je goed gedaan.

bijwoord van hoeveelheid

Deze categorie bijwoorden geven een antwoord op de vraag 'Hoeveel...?'.
abbastanza
È abbastanza lontano. – Het is tamelijk ver.
molto
Sono molto stanco. – Ik ben heel moe.
poco
La signora parla poco. – De mevrouw zegt weinig.
quasi
Ho quasi finito. – Ik ben bijna klaar.
quanto
Quanto hai mangiato? – Hoeveel heb je gegeten?
tanto
Ho mangiato tanto. – Ik heb veel gegeten.
troppo
Quel tizio ha bevuto troppo. – Die knul heeft te veel gedronken.

bijwoord van tijd

Deze categorie bijwoorden geeft een antwoord op de vraag 'Wanneer...?' of 'Hoe vaak...?'.
adesso/ora
Adesso/ora non ho tempo. – Ik heb nu geen tijd.
ancora
Sei ancora qui? – Ben je nog (steeds) hier?
domani
Domani farà bel tempo. – Morgen wordt het mooi weer.
dopo
Dopo la festa sono andata a casa. – Na het feest ben ik naar huis gegaan.
dopodomani
Dopodomani sarà tutto finito. – Overmorgen zal alles voorbij zijn.
già
Hai già deciso cosa fare? – Heb je al besloten wat je doet?
ieri
Hai visto il telegiornale ieri? – Heb je gisteren het nieuws gezien?
mai
Sei mai stato in America? – Ben je weleens in Amerika geweest?
non...mai
No, non ci sono mai stato. – Nee, ik ben er nog nooit geweest.

oggi
Oggi non ho voglia di uscire. – Ik heb vandaag geen zin om naar buiten te gaan.
ogni tanto
Ogni tanto vado a trovare mia nonna. – Af en toe ga ik bij mijn oma op bezoek.
poi
Ho visto prima lui e poi lei. – Ik zag eerst hem en toen haar.
presto
Devi far presto! – Je moet opschieten!
prima
Prima o poi ti vedranno. – Vroeg of laat zullen ze je zien.
qualche volta
Ho fumato solo qualche volta. – Ik heb maar af en toe gerookt.
sempre
Federica invece, fuma sempre. – Federica daarentegen rookt altijd.
spesso
Andiamo spesso al cinema. – We gaan vaak naar de bioscoop.
subito
Bisogna tornare subito a casa! – Je moet meteen naar huis komen!
talvolta
Talvolta arriva in ritardo. – Soms komt hij te laat.
tardi
È già tardi. – Het is al laat.

bijwoord van plaats/richting

Deze categorie bijwoorden geeft antwoord op de vraag 'Waar...?' en 'Waarheen...?'.
accanto
Abita accanto a me. – Hij woont naast mij.
ci
Ci vado spesso. – Ik ga er vaak naar toe.
davanti
La macchina era danneggiata davanti. – De auto was aan de voorkant beschadigd.
dentro
È dentro alla casa. – Ze is in het huis.
dietro
C'è un giardino dietro la casa. – Er is een tuin achter het huis.
fuori
Abitiamo fuori città. – We wonen buiten de stad.

là/lì
Quel tizio lì/là. – Die knul daarginds.
lontano
Amsterdam è lontano da Maastricht. – Amsterdam ligt ver van Maastricht.
qua/ qui
Guarda questo vestito qui! – Kijk deze jurk hier!
sopra
Metti un coperchio sopra la pentola. – Doe een deksel op de pan.
sotto
Se guidi così, finirai sotto il treno! – Als je zo blijft rijden, kom je nog eens onder een trein.
vicino
Abitate vicino alla stazione. – Jullie wonen vlak bij het station.

bijwoordelijke uitdrukkingen

Een bijwoordelijke uitdrukking bestaat uit meer dan één woord en heeft dezelfde functie als een bijwoord.
di proposito ('opzettelijk')
a vita ('levenslang')
a piedi ('te voet')
a stento ('met moeite')
a piacere ('naar believen')
al contrario ('integendeel')
a un tempo ('terzelfder tijd')
da capo ('van voren af aan')
da ultimo ('tenslotte')
per caso ('toevallig')
per sbaglio ('per ongeluk')
per lo più ('merendeels')
per di più ('bovendien')
di solito ('gewoonlijk')

bisogna

Bisogna betekent 'moeten' en wordt in de onpersoonlijke vorm gebruikt: *bisogna* + infinitief.
Bisogna andare a piedi. – Men moet te voet gaan.

Boccaccio

Boccaccio was een Florentijns schrijver (1313-1375). Hij schreef rond 1353, ten tijde van de pest, de *Decameron*, een werk in de Italiaanse volkstaal dat eeuwenlang model stond voor andere prozaïsten.

bomen

'Bomen' zijn in het Italiaans mannelijk. Er wordt namelijk *l'albero* bijgedacht.
il melo – de appelboom
il noce – de notenboom
il ciliegio – kersenboom
Uitzonderingen zijn *la quercia* ('de eik') en *la palma* ('de palm').

breukgetallen

Zie voor de vormen 'rangtelwoorden'. Alleen de vormen op *-esimo* zijn mogelijk (vanaf elf).
1/2 = *la metà*
1/4 = *un quarto*
3/4 = *tre quarti*
2/16 = *due sedicesimi*

breve

Het bijwoord *breve* betekent 'kort'.

brief

Wanneer je iemand tutoyeert dan gebruik je in de aanhef *caro* voor de naam. Wanneer je iemand niet tutoyeert dan gebruik je *gentile* of *egregio* voor de naam en eventueel de titel. De aanhef eindigt met een komma en de brief begint vervolgens met een kleine letter. Wanneer je iemand tutoyeert dan kun je de brief ondertekenen met *cari saluti, affettuosi saluti* of *un abbraccio.* Formele ondertekeningen zijn: *distinti saluti,* of *Le porgo i miei più cordiali saluti.*

Zie ook 'post'.

brutto

Brutto is een bijvoeglijk naamwoord dat meestal voor het zelfstandig naamwoord staat. Het betekent 'lelijk'.

broda/fare broda

Broda en *fare broda* betekenen letterlijk 'kooknat' maar worden in de volkstaal gebruikt in de betekenissen 'benzine' en 'benzine tanken'.

buono

Buono kan 'goed' of 'lekker' betekenen (met betrekking tot eten en drinken), maar het kan ook iets zeggen over iemands karakter ('mo-

reel goed'). Als het vóór een zelfstandig naamwoord staat, volgt het de vormen van het onbepaald lidwoord *un*.
Questa pizza è buona. – Deze pizza is lekker.
È un buon ragazzo. – Het is een beste jongen.

bustarella

Bustarella betekent letterlijk 'kleine envelop' maar heeft langzaamaan de betekenis gekregen van 'smeergeld'.

buttadentro

Een *buttadentro* is een persoon die bij de ingang van een disco staat en bepaalt wie er wel of niet naar binnen mag. Het woord is min of meer ontstaan met een knipoog naar *buttafuori*.

buttafuori

Een *buttafuori* is een uitsmijter bij een discotheek.

C

c, uitspraak

De c, de derde letter in het Italiaanse alfabet, wordt uitgesproken als [tsj]. De *c* in een woord kan op twee manieren worden uitgesproken, namelijk als [k] of als [tsj] wanneer er direct een *e* of *i* achter staat. Soms hoort een *c* gevolgd door *e* of *i* uitgesproken te worden als een [k], in dat geval zet men een *h* achter de *c*.
cinque [tsjinkwe]
chicco [kiekko]
cappuccino [kappoetsjieno]

cadere

Cadere is een onregelmatig werkwoord met de betekenis 'vallen'. Het hulpwerkwoord is *essere*, het voltooid deelwoord is *caduto*.

ind. presente	*imperfetto*	*passato remoto*	*imperativo*
cado	cadevo	caddi	-
cadi	cadevi	cadesti	cadi
cade	cadeva	cadde	cada
cadiamo	cadevamo	cademmo	cadiamo
cadete	cadevate	cadeste	cadete
cadono	cadevano	caddero	cadano

congiuntivo presente	*congiuntivo imperfetto*
io cada	cadessi
tu cada	cadessi
lui cada	cadesse
noi cadiamo	cadessimmo
voi cadiate	cadeste
loro cadano	cadessero

futuro	*condizionale*
io cadrò	cadrei
tu cadrai	cadresti
lui cadrà	cadrebbe
noi cadremo	cadremmo

voi cadrete	cadreste
loro cadranno	cadrebbero

Een uitdrukking met *cadere* is:
cadere dalla padella nella brace – van de wal in de sloot

Camorra

De maffia rondom Napels wordt *la Camorra* genoemd. De maffia is ontstaan tijdens de Spaanse bezetting en was zeer succesvol in de 19e eeuw. Het heeft een strenge hiërarchie met precieze normen en regels, beschermd door zwijgplicht en geweld.

cantante

Een *cantante* is een zanger of zangeres (afhankelijk van het lidwoord). Het kan daarbij gaan om zowel een professionele zanger(es) als om een amateur, en zowel om klassiek als modern.
Andrea Bocelli è un bravo cantante. – Andrea Bocelli is een goede zanger.

cantore

Een *cantore* is een zanger(es) in een koor.

-ca/-ga

Zelfstandige naamwoorden met een uitgang op *-ca* of *-ga* krijgen in het meervoud een *h* erbij.
mannelijk meervoud: *-chi/-ghi*
il collega – i colleghi (collega)
vrouwelijk meervoud: *-che/-ghe*
l'amica – le amiche (vriendin)

-care

Werkwoorden op *-care/-gare* krijgen een *h* toegevoegd voor uitgangen die met een *e* of *i* beginnen. Bijvoorbeeld *cercare* ('zoeken').

ind. presente	*imperfetto*	*passato remoto*	*imperativo*
io cerco	cercavo	cercai	-
tu cerchi	cercavi	cercasti	cerca
lui cerca	cercava	cercò	cerchi
noi cerchiamo	cercavamo	cercammo	cerchiamo
voi cercate	cercavate	cercaste	cercate
loro cercano	cercavano	cercarono	cerchino

congiuntivo presente	*congiuntivo imperfetto*
io cerchi	cercassi
tu cerchi	cercassi
lui cerchi	cercasse
noi cerchiamo	cercassimo
voi cerchiate	cercaste
loro cerchino	cercassero

futuro	*condizionale*
io cercherò	cercherei
tu cercherai	cercheresti
lui cercherà	cercherebbe
noi cercheremo	cercheremmo
voi cercherete	cerchereste
loro cercheranno	cercherebbero

caro

Caro is een bijvoeglijk naamwoord met de betekenis 'dierbaar', 'lief', 'kostbaar' en 'duur'. Het kan zowel voor als achter het zelfstandig naamwoord staan. Als het erachter staat dan heeft het de meest letterlijke betekenis.
Un regalo caro. – Een duur cadeau.
Un caro amico. – Een dierbare vriend.

cattivo

Cattivo is een bijvoeglijk naamwoord en betekent 'slecht'. Het kan zowel 'slecht' betekenen in moreel opzicht als 'slecht' in kwaliteitsopzicht. *Cattivo* heeft onregelmatige vormen in de vergrotende trap en overtreffende trap.
Vergrotende trap: peggiore (slechter, of slechtst). Overtreffende trap: pessimo (heel erg slecht). Toch hoor je de vormen *più cattivo* en *cativissimo* ook (vooral wanneer het om moreel slecht gaat).
Mio cane è il più cattivo di tutti. – Mijn hond is de slechtste (kwaadaardigste) van allemaal.
Questo vino è il peggiore di tutti. – Deze wijn is het slechtst van allemaal.

Cavaliere

Il Cavaliere betekent 'de ridder' en is de bijnaam van Silvio Berlusconi, bekend van AC Milan, Forza Italia en Mediaset.

c'è da + infinito

C'è da in combinatie met een infinitief betekent 'men moet' of 'er moet'.
C'è molto da fare. – Er moet veel gedaan worden.

ce l'/ li/le + avere

Het werkwoord *avere* wordt met name in de spreektaal vaak gebruikt met *ce + l'*, *lo, li* en *le* ervoor en betekent '(bij zich) hebben'.
Ce l' hai la bici? – Heb je een fiets (bij je)?

ce lo, ce la, ecc.

Voor *lo, la, li, le* en *ne* verandert *ci* in *ce*.

cellulare

Een 'gsm' heet in het Italiaans een *cellulare* (of '*telefono cellulare*' en '*telefonino*').

Zie ook 'gsm'.

centinaio

Il centinaio is een collectief telwoord en betekent 'honderdtal'. Het geeft een hoeveelheid bij benadering aan en heeft een onregelmatig meervoud: *le centinaia*.

cercare

Cercare betekent 'zoeken'.
Zie ook 'werkwoorden op *-care*'.
Een spreekwoord met *cercare*:
Chi cerca trova. – Zoekt en gij zult vinden.

-cere

Bij werkwoorden op *-cere/-gere* blijft de zachte, palatale klank niet behouden voor uitgangen die met een *o* of *a* beginnen.

Conoscere betekent 'kennen'. Het hulpwerkwoord is *avere*, het voltooid deelwoord *conosciuto*.

ind. presente	*imperfetto*	*passato remoto*	*imperativo*
io conosco	conoscevo	conobbi	-
tu conosci	conoscevi	conoscesti	conosci
lui conosce	conosceva	conobbe	conosca
noi conosciamo	conoscevamo	conoscemmo	conosciamo

voi conoscete	conoscevate	conosceste	conoscete
loro conoscono	conoscevano	conobbero	conoscano

congiuntivo presente	*congiuntivo imperfetto*
io conosca	conoscessi
tu conosca	conoscessi
lui conosca	conoscesse
noi conosciamo	conoscessimo
voi conosciate	conosceste
loro conoscano	conoscessero

futuro	*condizionale*
io conoscerò	conoscerei
tu conoscerai	conosceresti
lui conoscerà	conoscerebbe
noi conosceremo	conosceremmo
voi conoscerete	conoscereste
loro conosceranno	conoscerebbero

certo, certamente, di certo

Al deze bijwoorden betekenen 'zeker'. De keuze van de vorm is meestal een kwestie van stijl of nadruk. In de spreektaal wordt 'zeker' meestal vertaald met *certo* of *di certo*. *Certamente* geeft meer nadruk.

certo als bijvoeglijk naamwoord

Certo als bijvoeglijk naamwoord betekent 'zeker' of 'waar'. Het kan voor of achter het zelfstandig naamwoord staan en heeft een vaste betekenis.
una certa signora – een zekere mevrouw
una storia certa – een waar verhaal

certo als onbepaald voornaamwoord

Certo als onbepaald voornaamwoord betekent 'zeker'. Deze vorm wordt alleen in het enkelvoud gebruikt. In het meervoud gebruik je *taluno* of *alcuno*.
un certo Paolo – een zekere Paolo

certuni

Certuni betekent 'sommigen'. Dit onbepaald voornaamwoord wordt alleen in de meervoudsvorm gebruikt.
Certuni hanno capelli rossi. – Sommigen hebben rood haar.

che

Che als betrekkelijk voornaamwoord betekent 'dat'.
Zie ook 'betrekkelijk voornaamwoord'.

che, che cosa, cosa

Che, che cosa en *cosa* betekenen 'wat'.
Zie ook 'wat'.

chi

Chi betekent 'wie'.
Zie ook 'wie'.

chiedere

Chiedere betekent 'vragen'.
chiedere un favore – om een gunst vragen
Het heeft een onregelmatig voltooid deelwoord: *chiesto*. Het hulpwerkwoord is *avere*, en het heeft een onregelmatige *passato remoto*.

ind. presente	*imperfetto*	*passato remoto*	*imperativo*
io chiedo	chiedevo	chiesi	-
tu chiedi	chiedevi	chiedesti	chiedi
lui chiede	chiedeva	chiese	chieda
noi chiediamo	chiedevamo	chiedemmo	chiediamo
voi chiedete	chiedevate	chiedeste	chiedete
loro chiedono	chiedevano	chiesero	chiedano

congiuntivo presente	*congiuntivo imperfetto*
io chieda	chiedessi
tu chieda	chiedessi
lui chieda	chiedesse
noi chiediamo	chiedessimo
voi chiediate	chiedeste
loro chiedano	chiedessero

futuro	*condizionale*
io chiederò	chiederei
tu chiederai	chiederesti
lui chiederà	chiederebbe
noi chiederemo	chiederemmo
voi chiederete	chiedereste
loro chiederanno	chiederebbero

chiocciola
Een *chiocciola* is een 'apenstaartje' (@).
Zie ook 'internettaal' en 'apenstaartje'.

chiudere
Chiudere betekent 'sluiten'. Het onregelmatig voltooid deelwoord is *chiuso*. Het hulpwerkwoord is *avere*. Het heeft onregelmatige *passato remoto* en wordt op dezelfde manier vervoegd als *chiedere*:
io chiusi
tu chiudesti
lui chiuse
noi chiudemmo
voi chiudeste
loro chiusero

chiudersi in una torre d'avorio – zich in een ivoren toren opsluiten

chiunque
Chiunque betekent 'iedereen', 'wie dan ook'. Het is een onbepaald voornaamwoord. C*hiunque* is synoniem voor *qualunque persona*. Het blijft onveranderlijk.
Chiunque entra viene punito. – Wie er ook binnenkomt, wordt gestraft.

ci als persoonlijk voornaamwoord
Ci als persoonlijk voornaamwoord betekent 'ons'.
Zie 'persoonlijk voornaamwoord'.

ci
Ci betekent 'er' of 'erop'. Het verwijst naar eerder genoemde plaatsaanduidingen of bepalingen met *a*.
Pensi spesso all'incidente? Sì, ci penso spesso. – Denk je vaak aan het ongeluk? Ja, ik denk er vaak aan.

-cia/-gia
Zelfstandige en bijvoeglijke naamwoorden op *-cia* en *-gia* krijgen in het meervoud:
-cie/-gie
indien de klemtoon valt op de *i*.
la farmacia – le farmacie
indien er een *i* of *e* staat voor de *c* of *g*.
la ciliegia – le ciliegie

-ce/-ge
indien er een medeklinker staat voor de *c* of *g*.
selvaggia – selvagge
arancia – arance

-ciare

Werkwoorden die eindigen op *-ciare/-giare* verliezen de *i* voor uitgangen die met *e* of *i* beginnen omdat de *i* daar dan overbodig is.
cominciare betekent 'beginnen' en heeft als hulpwerkwoord *avere*, en als voltooid deelwoord *cominciato*.

ind. presente/	*imperfetto*	*passato remoto*	*imperativo*
io comincio	cominciavo	cominciai	-
tu cominci	cominciavi	cominciasti	comincia
lui comincia	cominciava	cominciò	cominci
noi cominciamo	cominciavamo	cominciammo	cominciamo
voi cominciate	cominciavate	cominciaste	cominciate
loro cominciano	cominciavano	cominciarono	comincino

congiuntivo presente	*congiuntivo imperfetto*
io cominci	cominciassi
tu cominci	cominciassi
lui cominci	cominciasse
noi cominciamo	cominciassimo
voi cominciate	cominciaste
loro comincino	cominciassero

futuro	*condizionale*
io comincerò	comincerei
tu comincerai	cominceresti
lui comincerà	comincerebbe
noi cominceremo	cominceremmo
voi comincerete	comincereste
loro cominceranno	comincerebbero

ciascuno

Ciascuno betekent 'ieder afzonderlijk'. Het is een onbepaald voornaamwoord en wordt zowel bijvoeglijk als zelfstandig gebruikt, maar altijd alleen in het enkelvoud. Het heeft dezelfde vormvariaties als *uno*.
Ho un dolce per ciascuno. – Ik heb voor ieder iets lekkers.

cioccolata
Cioccolata betekent '(warme) chocolademelk'.

cioccolato
Cioccolato is 'chocolade' (in vaste vorm).

c'è/ci sono
C'è en *ci sono* betekenen 'er is' of 'er zijn'.

Zie ook 'esserci – er zijn'.

ci vuole/ci vogliono
Ci vuole en *ci vogliono* betekenen 'er is nodig' of 'er zijn nodig'.

Zie ook 'volerci – nodig zijn'.

Cicerone
Cicerone (een Romeinse redenaar) is de bijnaam voor gidsen die toeristen rondleiden langs culturele bezienswaardigheden.
fare da Cicerone – rondleiden als gids

cioè
Cioè is een voegwoord met een verduidelijkende betekenis: 'dat wil zeggen' of 'welke is'.
La lezione finisce fra dieci minuti, cioè alle due e un quarto. – De les is over tien minuten afgelopen, dat is dus om kwart over twee.

-cire
Bijna alle regelmatige werkwoorden op *-cire* hebben een *-isc-* tussen de stam en de uitgang en behouden de palatale, zachte klank.

-co/-go
Zelfstandige en bijvoeglijke naamwoorden die eindigen op *-co* of *-go* krijgen in het meervoud:
-chi/-ghi wanneer de klemtoon valt op de een na laatste lettergreep.
bianco – bianchi ('wit')
Uitzonderingen:
amico – amici ('vriend')
nemico – nemici ('vijand')
greco – greci ('Griek')

-ci/-gi wanneer de klemtoon valt op de twee na laatste lettergreep.
medico – medici ('arts')

coatta

La coatta komt uit het dialect van Rome en betekent 'ordinair, volks type'. De term is nu ook gebruikelijk in heel Italië.

cogliere

Cogliere is een onregelmatig werkwoord en betekent 'plukken'. Net als *togliere, sciogliere* en *scegliere* verandert in de *presente* in de eerste persoon enkelvoud en derde persoon meervoud *-gl-* in *-lg-*. Het hulpwerkwoord is *avere*. Het voltooid deelwoord is *colto*.

ind. presente	*imperfetto*	*passato remoto*	*imperativo*
io colgo	coglievo	colsi	-
tu cogli	coglievi	cogliesti	cogli
lui coglie	coglieva	colse	colga
noi cogliamo	coglievamo	cogliemmo	cogliamo
voi cogliete	coglievate	coglieste	cogliete
loro colgono	coglievano	colsero	colgano

congiuntivo presente	*congiuntivo imperfetto*
io colga	cogliessi
tu colga	cogliessi
lui colga	cogliesse
noi cogliamo	cogliessimo
voi cogliate	coglieste
loro colgano	cogliessero

futuro	*condizionale*
io coglierò	coglierei
tu coglierai	coglieresti
lui coglierà	coglierebbe
noi coglieremo	coglieremmo
voi coglierete	cogliereste
loro coglieranno	coglierebbero

Uitdrukkingen met *cogliere* zijn:
cogliere in contropiede – iemand overrompelen
cogliere la palla al balzo – van de gelegenheid profiteren

collectieve telwoorden

Collectieve telwoorden geven meestal een globale hoeveelheid aan en zijn zowel zelfstandig als bijvoeglijk te gebruiken. Ze leggen de nadruk op het geheel. Voorbeelden zijn *coppia, centinaio, decina, dozzina, paio, ambedue, entrambi* en *tutt' e due*. Voor specifieke uitleg zie deze woorden.

combinaties van persoonlijke voornaamwoorden

Het onbeklemtoond meewerkend voorwerp of wederkerend voornaamwoord komt voor het lijdend voorwerp te staan en verandert van vorm.
mi + *lo* wordt *me lo*: Me lo dai? – Geef je het me?
gli/le en *le* + *lo* wordt *glielo*. Let op, het wordt aan elkaar geschreven! Glielo dai? – Geef je het aan hem/ haar?
De regels voor de plaats in de zin zijn dezelfde als die voor de enkelvoudige vormen. Ze staan voor het vervoegde werkwoord.
Lui ha bisogno di soldi. Glieli presterebbe? – Hij heeft geld nodig. Zou je het hem lenen?
Bij een zin met *dovere, potere, volere, andare, venire* + infinitief kun je de onbeklemtoonde persoonlijk voornaamwoorden zowel achter de infinitief zetten als voor het vervoegde werkwoord:
Hai dovuto dirmelo. / Me lo hai dovuto dire! – Je had het me moeten zeggen.
Bij zinnen met andere werkwoorden gevolgd door een infinitief kunnen de onbeklemtoonde vormen alleen maar achter de infinitief staan.
È impossibile chiedermelo. – Het is onmogelijk om het van mij te vragen.
Bij de gebiedende wijs staan de onbeklemtoonde vormen erachter, behalve bij de beleefdheidsvorm. Bij de ontkennende gebiedende wijs in de jij-vorm kun je de onbeklemtoonde vormen er zowel voor als achter zetten.
Questo è l'ultimo cd di Eros. Compramelo! / Me lo compri! – Dit is de laatste cd van Eros, koop hem voor mij!
Non ti amo più.- Non dirmelo! / Non me lo dire! – Ik hou niet meer van je. – Zeg dat niet (tegen mij)!
Bovendien zet je bij de eenlettergrepige *imperativo*-vormen de onbeklemtoonde vormen erachter en krijgt de medeklinker verdubbeling van de eerste letter:
da' – dammelo
di' – dimmelo
fa' – fammelo

sta' – stammelo
va' – vattene
In de spreektaal wordt het lijdend voorwerp of meewerkend voorwerp ook vaak dubbel genoemd.
Me lo daresti il nuovo libro di Dacia Maraini? – Zou je me het nieuwste boek van Maraini geven?

		lo	la	li	le
me	mi	me lo	me la	me li	me le
je	ti	te lo	te la	te li	te le
ons	ci	ce lo	ce la	ce li	ce le
jullie	vi	ve lo	ve la	ve li	ve le
hem/hun	gli	glielo	gliela	glieli	gliele
haar	le	glielo	gliela	glieli	gliele
u (enk)	Le	Glielo	Gliela	Glieli	Gliele
zich	si	se lo	se la	se li	se le

combinaties van persoonlijk voornaamwoorden met *ci* en *ne*

Combinaties met *ne* volgen dezelfde veranderingen als bovenstaand schema. Combinaties met *ne* staan vaak bij wederkerende werkwoorden die het vaste voorzetsel *di* bij zich hebben.
Ti vergogni dell'errore? Sì, me ne vergogno. – Schaam jij je voor je fout? Ja, ik schaam mij ervoor.
Combinaties met *ci*: *ci* staat vóór *lo, la, li, le* en *ne* en verandert in *ce*.
La porta a scuola tutt' i giorni? Sì, ce la porta tutt' i giorni. – Breng je haar iedere dag naar school? Ja, ik breng haar er elke dag naar toe.
Ci staat achter *mi, ti* en *vi*, ook bij wederkerende werkwoorden. Een uitzondering is de derde persoon enkelvoud/meervoud, daar staat het er weer voor.
La mamma ti porta a scuola? No, mi ci porta papà. – Brengt mama jou naar school? Nee, papa brengt mij.
Tu ti dedichi al tuo passatempo? Sì, mi ci dedico. – Besteed je veel tijd aan je hobby? Ja, ik besteed er veel tijd aan.
E lui, ci si dedica? – En hij, besteedt hij er veel tijd aan?

come (bijwoord)

Als bijwoord betekent *come* 'zoals'. Het staat bij vergelijkingen van dingen, mensen, gebeurtenissen etc.
Sei testardo come un mulo. – Je bent zo koppig als een ezel.

come (voegwoord)
Als voegwoord betekent *come* 'zoals'.
Non è successo come ha voluto lui. – Het is niet gegaan zoals hij had gewild.

come (vragend voornaamwoord)
Als vragend voornaamwoord betekent *come* 'hoe'.
Come va la salute? – Hoe gaat het met je gezondheid?

Zie ook 'vraagwoorden gebruikt in uitroepen'.

cominciare
Cominciare betekent 'beginnen'.
Zie ook 'werkwoorden op *-ciare*'.

Spreekwoorden met *cominciare* zijn:
Chi ben comincia è alla metà dell'opra. – Een goed begin is het halve werk.
Chi non comincia non finisce. – Wie niet begint komt ook niet klaar. (Alle begin is moeilijk.)

comparativo di uguaglianza
Zie 'stellende trap'.

comparativo di maggioranza
Zie 'vergrotende trap'.

comparativo di minoranza
Zie 'vergrotende trap'.

comparire
Comparire betekent 'verschijnen'. Zie 'apparire' voor vervoeging.

comporre
Comporre betekent 'samenstellen'. Zie 'porre' voor vervoeging.

comprendere
Comprendere betekent 'begrijpen', 'omvatten'. Zie 'prendere' voor vervoeging.

con
Het voorzetsel *con* betekent 'met'.

Let op:
con questo tempo – met dit weer
partire con la pioggia – in de regen vertrekken
con mia sorpresa – tot mijn verbazing

concordanza

Concordanza is de overeenstemming tussen het bijvoeglijk naamwoord en zelfstandig naamwoord. Het bijvoeglijk naamwoord richt zich in getal en geslacht naar dat van het bijbehorende zelfstandig naamwoord. Als het bijvoeglijk naamwoord betrekking heeft op twee of meer zelfstandige naamwoorden van verschillend geslacht, dan krijgt het de mannelijke meervoudsuitgang *-i*.
la donna simpatica – de sympathieke vrouw
il fratello carino – de knappe broer
le ragazze piccole – de kleine meisjes
gli uomini arroganti – de arrogante mannen.
Nello stadio c'era un uomo e cento donne.Tutti erano contenti della partita. – In het stadion waren een man en honderd vrouwen.Allen waren tevreden over de wedstrijd.

condizionale

De *condizionale* is de voorwaardelijke wijs. Deze tijd wordt gebruikt om bepaalde gebeurtenissen of situaties te beschrijven die zich in bepaalde omstandigheden mogelijkerwijs zouden kunnen voordoen. Ook wordt deze tijd vaak gebruikt om een wens, verzoek of advies te formuleren. In plaats van te zeggen: "Ik wil een kop koffie", zegt men liever: "Ik zou (graag) een kop koffie willen", omdat dat vriendelijker is.
Se hai tempo, potremmo andare al mare. – Als je tijd hebt, zouden we naar zee kunnen gaan.
Vorrei due etti di prosciutto crudo. – Ik wil graag twee ons rauwe ham.
De vorming van de *condizionale* is dezelfde als van de *futuro*. Als basis dient de *infinito* minus de laatste *e* (dus laatste letter is een r) en daarachter komen de vervoegingen. Echter bij de werkwoorden op *-are* verandert de *a* in een *e*.

parlare – parler-ei	credere – crederei	sentire – sentirei
parler-esti		
parler-ebbe		
parler-emmo		
parler-este		
parler-ebbero		

Onregelmatige vormen zijn:

andare – andrei ('gaan')
sapere – saprei ('weten')
vedere – vedrei ('zien')
vivere – vivrei ('leven')
dare – darei ('geven')
fare – farei ('doen', 'maken')
stare – tarei ('zich bevinden')
bere – berrei ('drinken')
rimanere – rimarrei ('verblijven')
venire – verrei ('komen')
tenere – terrei ('houden')
trarre – trarrei ('trekken')
proporre – proporrei ('voorstellen')
produrre – produrrei ('produceren')

condizionale passato

De *condizionale passato* wordt gevormd door de *condizionale presente* van *avere* of *essere* + voltooid deelwoord en wordt gebruikt voor een gebeurtenis die in het verleden misschien had kunnen plaatsvinden, maar nooit heeft plaatsgevonden:
La signora Guzzi avrebbe preferito andare al cinema. – Mevrouw Guzzi was liever naar de bioscoop gegaan.
Verder gebruik je deze tijd bij twijfel en persoonlijke mening:
Sarebbe stato meglio rivolgersi a un' agenzia specializzata. – Het zou beter geweest zijn als we ons tot een gespecialiseerde zaak hadden gewend.
En ook bij hypotheses, wensen geformuleerd door derden en die weinig waarschijnlijk zijn wordt de *condizionale passato* gebruikt:
Secondo lui la rimedia sarebbe stata poco efficace. – Volgens hem zou de remedie weinig doeltreffend zijn geweest.
In de spreektaal wordt het vaak vervangen door de *imperfetto*.

Condizionale passato met *avere*:
io avrei spiegato
tu avresti spiegato
lui avrebbe spiegato
noi avremmo spiegato
voi avreste spiegato
loro avrebbero spiegato

Condizionale passato met *essere*:
io sarei venuto/a
tu saresti venuto/a
lui sarebbe venuto/a
noi saremmo venuti/e
voi sareste venuti/e
loro sarebbero venuti/e

L'avrei fatto senza dir niente. Lo facevo senza dir niente. – Ik zou het hebben gedaan zonder iets te zeggen.
De *condizionale passato* wordt ook gebruikt om de 'toekomst van het verleden' weer te geven, dus een handeling die kan plaatsvinden, of heeft plaatsgevonden na het moment waarop men iets ervan weet, zegt, denkt, belooft, etc.

Mi hanno promesso che sarebbero venuti all'incontro. – Ze hebben me beloofd dat ze naar de bijeenkomst zouden komen.

congiuntivo

De *congiuntivo* is de aanvoegende wijs en is met name een tijd waarbij het subjectieve op de voorgrond staat. De dingen worden voorgesteld zoals men ze ervaart of zou willen. Dit in tegenstelling tot de *indicativo*, waarin het feit waarover men spreekt op zichzelf staat (objectief). De keuze tussen de *congiuntivo* en de *indicativo* is voor een groot deel aan vaste regels gebonden, hoewel in de omgangstaal de voorkeur uitgaat naar de *indicativo*.
De *congiuntivo* staat nooit in de hoofdzin, maar altijd in de bijzin.
Na:

- werkwoorden die een onzekerheid inhouden, een persoonlijke mening geven ('zeggen' en 'denken'), een wilsuiting of gevoelens die sterk subjectief zijn uitdrukken: *pensare, sembrare, immaginare, credere, dubitare, ritenere, aver paura, augurarsi, essere lieti, arrabbiarsi*, etc.
- een hoofdzin waarin het werkwoord ontkennend gebruikt is (*dire* en *sapere*):
  Non so se vengano anche loro. – Ik weet niet of zij ook komen.
- onpersoonlijke werkwoorden of uitdrukkingen die een onzekerheid, noodzakelijkheid, wenselijkheid etc. weergeven: *può darsi che, bisogna che, pare che, è meglio che*.
  Può darsi che venga anche lui. – Het kan zijn dat hij ook komt.
- onpersoonlijke uitdrukkingen met *essere* + bijvoeglijk naamwoord, zoals *è importante, è necessario, è opportuno*.
  È importante che le mamme comprino prodotti di qualità per i bambini. – Het is belangrijk dat moeders kwaliteitsproducten kiezen voor hun kinderen.
- onpersoonlijke uitdrukkingen met *essere* + zelfstandig naamwoord, zoals *è ora, è il momento, è un peccato*.
  È un peccato che si cambi la sede della dita. – Het is zonde dat ze de zetel van de firma verplaatsen.
- na een vergelijking of overtreffende trap.
  È il film più bello che abbia mai visto. – Het is de mooiste film die ik ooit heb gezien.
- in indirecte vraagzinnen die zijn ingeleid door *se, come* en *quanto*.
  Mi chiedo come sia possibile fare sempre gli stessi errori. – Ik vraag me af hoe het mogelijk is dat ik steeds dezelfde fouten maak.

Overeenstemming tussen de tijden in de hoofdzin en bijzin met *congiuntivo*:

hoofdzin:	bijzin:
– *indicativo presente*	handeling eerder: *congiuntivo passato*, *congiuntivo imperfetto*, *congiuntivo trapassato*.

Credo che abbia detto la verità. – Ik geloof dat hij de waarheid zei.
of met dezelfde betekenis:
Credo che dicesse la verità. Credo che avesse detto la verità.
handeling gelijktijdig: *congiuntivo presente*.
Credo che stia dicendo la verità. – Ik geloof dat hij de waarheid spreekt.
handeling later: *congiuntivo presente* (*indicativo futuro*).
Credo che prima o poi dica la verità. – Ik geloof dat hij vroeg of laat de waarheid zegt.
of met dezelfde betekenis:
Credo che prima o poi dirà la verità.

– *indicativo imperfetto,*	handeling eerder: *congiuntivo trapassato*.
– *(tra)passato prossimo*	Ero convinto che avesse detto la verità. – Ik was ervan overtuigd dat hij de waarheid sprak.
– *passato remoto*	

- handeling gelijktijdig: *congiuntivo imperfetto*.
  Ero convinto che dicesse la verità.
- handeling later: *congiuntivo imperfetto* (*condizionale passato*)
- Ero convinto che, dopo averlo avvertito, dicesse la verità.
  Ero convinto che, dopo averlo avvertito, avrebbe detto la verità. – Ik was ervan overtuigd dat hij, na hem te hebben gewaarschuwd, de waarheid zou zeggen.
- condizionale presente, handeling eerder: *congiuntivo trapassato*.
  Vorrei che avesse detto la verità. – Ik zou willen dat hij de waarheid had gezegd.
- handeling gelijktijdig: *congiuntivo imperfetto*.
  Vorrei che dicesse la verità. – Ik zou willen dat hij de waarheid sprak.
- handeling later: *congiuntivo imperfetto*.
  Vorrei che dicesse subito la verità. – Ik zou willen dat hij meteen de waarheid sprak.

congiuntivo presente

De *congiuntivo presente* heeft één vorm voor alle persoonsvormen in het enkelvoud, welke afgeleid is van de stam van de eerste per-

soon enkelvoud *indicativo presente* met toevoeging van de *i* bij werkwoorden op *-are*, en *a* bij werkwoorden op *-ere* en *-ire*. De derde persoon meervoud is altijd gelijk aan het enkelvoud met toevoeging van *-no*. De eerste en tweede persoon meervoud zijn afgeleid van de eerste persoon meervoud *indicativo presente*.
andiamo – andiamo – andiate
(Deze regels gelden niet voor *avere, essere, stare, dare* en *sapere*).

ind. presente	*congiuntivo presente*
io esco	io esca
io faccio	io faccia
io parlo	io parli
io posso	io possa
io tengo	io tenga
io voglio	io voglia

regelmatige vormen:

parlare	credere	sentire	capire
parli	creda	senta	capisca
parli	creda	senta	capisca
parli	creda	senta	capisca
parliamo	crediamo	sentiamo	capiamo
parliate	crediate	sentiate	capiate
parlino	credano	sentano	capiscano

onregelmatige vormen:

essere	avere	andare	dare	stare	dovere	sapere
io sia	abbia	vada	dia	stia	debba	sappia
tu sia	abbia	vada	dia	stia	debba	sappia
lui sia	abbia	vada	dia	stia	debba	sappia
noi siamo	abbiamo	andiamo	diamo	stiamo	dobbiamo	sappiamo
voi siate	abbiate	andiate	diate	stiate	dobbiate	sappiate
loro siano	abbiano	vadano	diano	stiano	debbano	sappiano

congiuntivo passato

De *congiuntivo passato* wordt gevormd door de *congiuntivo presente* van *avere* of *essere* + voltooid deelwoord.

fare	venire
io abbia fatto	io sia venuto/a
tu abbia fatto	tu sia venuto/a
lui abbia fatto	lui sia venuto/a

noi abbiamo fatto	noi siamo venuti/e
voi abbiate fatto	voi siate venuti/e
loro abbaino fatto	loro siano venuti/e

De gebeurtenis van de bijzin is eerder gebeurd dan het moment van de hoofdzin. Als de hoofdzin en bijzin hetzelfde onderwerp hebben dan wordt dit in de spreektaal vaak vervangen door *di + infinito* + voltooid deelwoord.
È importante che l'abbiate visto. / È importante di averlo visto. – Het is belangrijk dat jullie hem hebben gezien.

congiuntivo imperfetto

De *congiuntivo imperfetto* wordt gebruikt in voorwaardelijke bijzinnen die beginnen met *se* en die een onwaarschijnlijkheid uitdrukken. Het werkwoord in de hoofdzin komt dan over het algemeen in de condizionale te staan.
Se avessi dieci anni di meno, andrei in vacanza da sola. – Als ik tien jaar jonger was, dan zou ik alleen op vakantie gaan.
De tijd in de hoofdzin staat in de verleden tijd en de gebeurtenis in de bijzin vindt op hetzelfde moment plaats.
Pensavo che tu fossi a casa. – Ik dacht dat jij thuis was.

Regelmatige vormen:

andare	parlare	credere	sentire	capire	essere	avere
andassi	parlassi	credess	sentissi	capissi	fossi	avessi
andassi	parlassi	credessi	sentissi	capissi	fossi	avessi
andasse	parlasse	credesse	sentisse	capisse	fosse	avesse
andassimo	parlassimo	credessimo	sentissimo	capissimo	fossimo	avessimo
andaste	parlaste	credeste	sentiste	capiste	foste	aveste
andassero	parlassero	credessero	sentissero	capissero	fossero	avessero

Onregelmatige vormen:
dare: dessi etc.
stare: stessi
fare: facessi
bere: bevessi
dire: dicessi
produrre: producessi
porre: ponessi
trarre: traessi

congiuntivo trapassato
De *congiuntivo trapassato* wordt gevormd door de *congiuntivo imperfetto* van *avere* of *essere* + voltooid deelwoord.

prendere	andare
io avessi preso	io fossi andato/a
tu avessi preso	tu fossi andato/a
lui avesse preso	lui fosse andato/a
noi avessimo preso	noi fossimo andati/e
voi aveste preso	voi foste andati/e
loro avessero preso	loro fossero andati/e

De tijd in de hoofdzin is een verleden tijd en de gebeurtenis in de bijzin vindt daarvóór plaats.
Pensavo che tu fossi stato a casa. – Ik dacht dat je thuis was geweest.

congiunzione
Zie 'voegwoord'.

conoscere
Conoscere betekent 'kennen'. Voor de vervoeging zie 'werkwoorden op -*cere*'.

conosciuto
Conosciuto is het onregelmatig voltooid deelwoord van *conoscere* en betekent 'gekend'.

contro
Het voorzetsel *contro* betekent 'tegen'.

convincere
Het werkwoord *convincere* betekent 'overtuigen'. Het voltooid deelwoord is *convinto.*

Zie ook 'vincere'.

coperto
Coperto is het onregelmatig voltooid deelwoord van *coprire* ('bedekken').

coppia
Het collectieve telwoord *coppia* betekent 'een paar'.

correggere

Correggere betekent 'verbeteren'. Voor vervoeging zie 'leggere'.

correre

De vervoeging van *correre* ('rennen') is als volgt:

ind. presente	*imperfetto*	*passato remoto*	*imperativo*
io corro	correvo	corsi	-
tu corri	correvi	corresti	corri
lui corre	correva	corse	corra
noi corriamo	correvamo	corremmo	corriamo
voi correte	correvate	correste	correte
loro corrono	correvano	corsero	corrano

congiuntivo presente	*congiuntivo imperfetto*
io corra	corressi
tu corra	corressi
lui corra	corresse
noi corriamo	corressimo
voi corriate	correste
loro corrano	corressero

futuro	*condizionale*
io correrò	correrei
tu correrai	correresti
lui correrà	correrebbe
noi correremo	correremmo
voi correrete	correreste
loro correranno	correrebbero

corretto

Corretto is het onregelmatig voltooid deelwoord van *correggere* ('verbeteren').

corso

Corso is het onregelmatig voltooid deelwoord van *correre* ('rennen'). Het hulpwerkwoord is *avere.*

corso

Il corso kan zowel 'de straat' als 'de cursus' betekenen.

cosa
Zie 'wat'.

cosa, la ~
La cosa betekent 'het ding'.

così
Als bijwoord betekent *così* 'zo' of 'zoals' (de manier, de wijze):
Così è successo. – Zo is het gebeurd.
Andere betekenissen zijn 'zo' of 'zoveel' (hoeveelheid):
Perché me ne dai così pochi? – Waarom geef je me er zo weinig?
'Zo' en 'dus' (conclusie):
...e così ho deciso di partire subito. – ...en dus besloot ik meteen te vertrekken.

Als bijvoeglijk naamwoord betekent *così* 'zulke' of 'zo'n'.
Ho una macchina così. – Ik heb zo'n (zelfde) auto.

così
Così ... come bij vergelijkingen betekent 'even ... als'.

Zie ook 'stellende trap'.

così così
De bijwoordelijke uitdrukking *così così* betekent 'zo zo'. Meestal wordt het gebruikt in antwoorden om uit te drukken dat een bepaald resultaat of toestand middelmatig gaat/is.
Come stai? Così così. – Hoe gaat het? Het houdt niet over.

crescere
Crescere betekent 'groeien'. Het voltooid deelwoord is *cresciuto*, zie voor vervoeging 'conoscere'.

cui
Zie 'betrekkelijk voornaamwoord'.

cuocere
Cuocere betekent 'koken'. Het hulpwerkwoord is *avere*, het voltooid deelwoord is *cotto*.
Let op de verdwijning van de *ditongo* in sommige vervoegingen.

ind. presente	*imperfetto*	*passato remoto*	*imperativo*
io cuocio	cocevo	cossi	-
tu cuoci	cocevi	cocesti	cuoci
lui cuoce	coceva	cosse	cuocia
noi cociamo	cocevamo	cocemmo	cociamo
voi cocete	cocevate	coceste	cocete
loro cuociono	cocevano	cossero	cuociano

congiuntivo presente	*congiuntivo imperfetto*
io cuocia	cocessi
tu cuocia	cocessi
lui cuocia	cocesse
noi cociamo	cocessimo
voi cociate	coceste
loro cuociano	cocessero

futuro	*condizionale*
io cocerò	cocerei
tu cocerai	coceresti
lui cocerà	cocerebbe
noi coceremo	coceremmo
voi cocerete	cocereste
loro coceranno	cocerebbero

D

da

Het voorzetsel *da* heeft verschillende betekenissen.

- (plaats) 'vanaf', 'uit'
  Sono partito da Roma ieri. – Ik ben gisteren uit Rome vertrokken.
  Il treno parte dal binario 2. – De trein vertrekt vanaf spoor 2.
- (tijd) 'sinds
  'Sono qui da due settimane. – Ik ben hier sinds twee weken.
  Il negozio è chiuso dalle due alle tre. – De winkel is van twee tot drie gesloten.
- 'naar', 'bij' (een persoon)
  Sono stato da Paolo. – Ik ben bij Paolo geweest.
  Bisogna andare dal medico. – Je moet naar de dokter gaan.
- bestemming, doel van iets
  È un bicchiere da vino. – Het is een wijnglas.

Da komt ook voor met een *infinito*, meestal staat het achter *qualcosa, niente, molto* en geeft het een doel of bestemming aan:
Non c'è niente da vedere. – Er is niks te zien.

da dove

De bijwoordelijk uitdrukking *da dove* betekent 'waarvandaan', 'langs waar'. Het gaat om dat moment, de plaats waar je het dan over hebt, en niet de plaats waar je woont. Wanneer je vraagt waar iemand vandaan komt in de betekenis van 'wonen', 'geboren zijn' dan gebruik je *di dove*.
Da dove viene questo treno e da dove è passato? Il treno è partito da Bologna, poi è passato da Milano prima di arrivare qui. – Waar komt deze trein vandaan en waarlangs is ze gekomen? De trein komt uit Bologna en is langs Milaan gekomen alvorens hier te arriveren.

daar, omdat

De vertaling van 'daar', 'omdat' is *siccome, poiché*. Wanneer de zin begint met het redengevende 'omdat' of 'daar' gebruik je *siccome, poiché* of een *gerundio*.
Perché wordt gebruikt wanneer eerst de hoofdzin komt, en dan de bijzin met *perché*.

Siccome/ poiché sono malato, non posso venire. – Omdat ik ziek ben kan ik niet komen.
Essendo malato, non posso venire. – Omdat ik ziek ben kan ik niet komen.
Non posso venire, perché sono malato. – Omdat ik ziek ben kan ik niet komen.

dagen van de week

De dagen van de week zijn mannelijk, behalve de zondag, die is vrouwelijk: *il lunedì* ('maandag'), *martedì* ('dinsdag'), *mercoledì* ('woensdag'), *giovedì* ('donderdag'), *venerdì* ('vrijdag'), *sabato* ('zaterdag') en *la domenica* ('zondag').
De dagen van de week worden zonder lidwoord gebruikt. Wanneer men echter wil aangeven dat iets met regelmaat terugkomt, dan gebruikt men wél het bepaald lidwoord.
Sabato vado al mare. – Zaterdag ga ik naar zee.
Il sabato vado in discoteca. – 's Zaterdags ga ik naar de disco.

Zie ook 'gisteren', 'eergisteren', 'morgen', 'overmorgen' en 'onlangs'.

dal, dalla

Zie 'voorzetsels verbonden met het bepaald lidwoord'.

dan

Het voegwoord 'dan' is in het Italiaans *di, che*.
Zie ook 'vergrotende trap'.
È più grande di me. – Hij is groter dan ik.
In de betekenis van 'vervolgens' is de vertaling *poi*:
Leggi la ricetta e poi mi dici che ne pensi. – Lees eerst het recept en vertel me dan wat je ervan denkt.
In de betekenis van 'voorwaarde' of 'in dat geval' is de vertaling *in tal caso*:
In tal caso te lo dirò. – In dat geval zal ik het je zeggen.

dan ook (derhalve)

'Dan ook' ('derhalve') wordt vertaald met *perciò* of *quindi*.
Mi ha visto con te. Quindi gliel' ho detto di noi. – Hij heeft mij met jou gezien. Derhalve heb ik hem over ons verteld.

Dante Alighieri

Dante Alighieri (1265-1321) was een Florentijns dichter/schrijver. Hij schreef zijn meesterwerk *La Divina Commedia* in het dialect

toscano-fiorentino waarna dit als linguïstisch model ging dienen in heel Italië. Om die reden wordt Dante ook wel beschouwd als de vader van de Italiaanse taal. Al jong wordt hij verliefd op Beatrice Portinari, die kort daarna sterft. Zij wordt zijn inspiratiebron. In 1302 is Dante gedwongen om zijn stad Florence te verlaten om er nooit meer terug te komen. *La Divina Commedia* werd tussen 1306 en 1321 geschreven en bestaat uit drie gedeelten: *L'inferno* ('de hel'), *Il Purgatorio* ('de lauteringsberg') en *Il paradiso* ('het paradijs') en is onderverdeeld in 100 canto's. Het hele werk is een denkbeeldige reis die Dante maakt in het Hiernamaals, vergezeld door de Romeinse dichter Virgilius. In een brief legt Dante uit dat hij een bepaald soort versschema heeft gebruikt en het Toscaanse dialect, om op die manier meer mensen te bereiken. Aan het begin van de eerste *canto* ('vers') van de Hel verbeeldt Dante zich te zijn verdwaald, halverwege zijn leven, in een donker woud, dat symbool staat voor zijn zonden:
"Nel mezzo del cammin di nostra vita
mi ritrovai per una selva oscura
che la diritta via era smarrita."
In het midden van de reis door ons leven
hervond ik mezelf in een duister woud,
daar de rechte weg verloren was.

dare

Het onregelmatig werkwoord *dare* ('geven') heeft als hulpwerkwoord *avere* en als voltooid deelwoord *dato*.

ind. presente	*imperfetto*	*passato remoto*	*imperativo*
io do	davo	diedi/detti	
tu dai	davi	desti	da'
lui dà	dava	diede/dette	dia
noi diamo	davamo	demmo	diamo
voi date	davate	deste	date
loro danno	davanno	diedero/dettero	danno

congiuntivo presente	*congiuntivo imperfetto:*
io dia	dessi
tu dia	dessi
lui dia	desse
noi diamo	dessimo
voi diate	deste
loro diano	dessero

futuro	*condizionale*
io darò	darei
tu darai	daresti
lui darà	darebbe
noi daremo	daremmo
voi darete	dareste
loro daranno	darebbero

Uitdrukkingen met *dare* zijn:
dare un colpo al cerchio e una alla botte – iedereen te vriend willen houden door gepast en ongepast complimentjes uit te delen (letterlijk: 'een klap geven op de hoepel en een op het vat')
darsi la zappa sui piedi – zich in de vingers snijden (letterlijk: 'zich met een houweel in de voeten hakken')

data

Alle data worden met een hoofdtelwoord aangegeven, behalve de eerste van de maand. Bovendien wordt de datum voorafgegaan door een lidwoord. Boven een brief staat geen lidwoord voor de datum.
il dieci dicembre – 10 december
il primo gennaio – 1 januari

davanti

Het bijwoord *davanti* betekent 'voor'. Het kan ook bijvoeglijk en zelfstandig (*il davanti*) worden gebruikt.

davvero

Het bijwoord *davvero* betekent 'echt' of 'werkelijk'. Het wordt vaak in een vraag of juist in het antwoord gebruikt om meer nadruk te leggen op de bevestiging. Met de ontkenning *non* ervoor heeft het als ontkennend antwoord een versterkend effect:
Non intendo davvero ascoltare oltre. – Ik ben werkelijk niet van plan om verder te luisteren.

decidere

Het regelmatig werkwoord *decidere* ('beslissen) heeft als onregelmatig voltooid deelwoord *deciso*.

ind. presente	*imperfetto*	*passato remoto*	*imperativo*
io decido	decidevo	decisi	-
tu decidi	decidevi	decidesti	decidi
lui decide	decideva	decise	decida
noi decidiamo	decidevamo	decidemmo	decidiamo
voi decidete	decidevate	decideste	decidete
loro decidono	decidevano	decisero	decidano

congiuntivo presente	*congiuntivo imperfetto*
io decida	decidessi
tu decida	decidessi
lui decida	decidesse
noi decidiamo	decidessimo
voi decidiate	decideste
loro decidano	decidessero

futuro	*condizionale*
io deciderò	deciderei
tu deciderai	decideresti
lui deciderà	deciderebbe
noi decideremo	decideremmo
voi deciderete	decidereste
loro decideranno	deciderebbero

deciso

Deciso is het onregelmatig voltooid deelwoord van *decidere* ('besluiten').

decina

Het collectief telwoord *decina* betekent 'tiental'. Het achtervoegsel -*ina* duidt een bepaalde hoeveelheid aan bij benadering (in tientallen). Wanneer *decina* gevolgd wordt door een zelfstandig naamwoord moet het voorzetsel *di* worden toegevoegd:
decine di persone – tientallen mensen

delend lidwoord

Het delend lidwoord bestaat uit het voorzetsel *di* + bepaald lidwoord en wordt gebruikt om een onbepaalde hoeveelheid van iets aan te geven, echter wel in beperkte mate. Je moet dan denken aan 'een aantal'.
Per la festa ho comprato del vino. – Ik heb wijn gekocht voor het feest.

Er wordt niet gezegd hoeveel wijn, maar het is duidelijk dat het om een aantal flessen gaat en niet om een onbeperkte hoeveelheid wijn. Vergelijk met:
I viticoltori italiani producono vino. – De Italiaanse wijnbouwers produceren wijn.
Ook hier een onbepaalde hoeveelheid, maar wel onbeperkt van hoeveelheid. Het gaat niet om een paar flessen.
Na werkwoorden die het voorzetsel *di* bij zich dragen, volgt geen delend lidwoord:
Ho bisogno di te. – Ik heb je nodig.
Maar: Ho voglia del tè. – Ik heb zin in thee.
Hier wordt wel een delend lidwoord gebruikt om spraakverwarring te voorkomen!
Er wordt ook geen delend lidwoord gebruikt bij opsommingen en ontkenningen.

di + il = del	di + la = della
di + lo = dello	di + l' = dell'
di + l' = dell'	di + le = delle
di + i = dei	di + gli = degli

delen van de dag

la mattina/ il mattino – de ochtend (van zonsopkomst tot 12 uur 's middags)
La mattina vado a scuola. – 's Morgens ga ik naar school.
il pomeriggio – de middag (vanaf 12 uur 's middags tot zonsondergang)
la sera – de avond (vanaf zonsondergang)
domanisera – morgenavond
stamattina – vanochtend
stasera – vanavond
in mattinata – in de loop van de ochtend
nel pomeriggio – in de loop van de middag

del, della ecc.

Zie 'voorzetsels verbonden met het bepaald lidwoord'.

dentro

Het bijwoord *dentro* betekent 'binnen'.

descrivere

Descrivere betekent 'beschrijven'. Voor vervoeging zie 'scrivere'.

di

Het voorzetsel *di* betekent 'van' of 'vandaan'. Zie '*dan* bij vergelijkingen'.

Bij plaats:
Sono di Roma. – Ik kom uit Rome.
Bij bezit:
È di lui. – Het is van hem.
Bij materiaal:
L'orologio è di plastica. – Het horloge is van plastic.
Sommige werkwoorden en uitdrukkingen hebben *di* als vast voorzetsel achter zich:
contento di:
Sono contento di vederti. – Ik ben blij je te zien.
cercare di:
Ho cercato di chiamarti. – Ik heb geprobeerd je te bellen.
dimenticare di:
Non dimenticare di venire alla mia festa! – Niet vergeten op mijn feest te komen!
aver voglia di:
Hai voglia di andare al cinema? – Heb je zin om naar de bioscoop te gaan?

di dove

Di dove betekent 'waarvandaan'.
Zie ook 'da dove'.

di solito

De bijwoordelijke uitdrukking *di solito* betekent 'meestal'.
Di solito ci vado in bici. – Meestal ga ik er op de fiets heen.

dialect

Er zijn meer dialecten dan er provincies zijn in Italië en de onderlinge verschillen zijn zeer groot. In de dialecten zijn duidelijk de invloeden te herkennen van een buurland of van een vreemde overheerser. In het Piemontese dialect zijn bijvoorbeeld veel Franse invloeden te vinden: de taal van de overheerser.
Toscane: una coca cola con una cannuccia corta
De uitspraak kenmerkt zich door een *c* tussen twee klinkers (die eigenlijk als *k* wordt uitgeproken), die nu als een soort rochelende *g* wordt uitgesproken.

Lombardia: Tu che attacchi i tacchi, attaccami i tacchi.
Dit wordt uitgesproken als [ti ke te taket i tak, takum i tak].
Tot in de jaren '50 sprak men in veel regio's alleen het dialect. Door een steeds grotere invloed van diverse media, onderwijs e.d. heeft het dialect wat terrein verloren en het Italiaans terrein gewonnen. Jongeren spreken voornamelijk Italiaans.

dicembre

Dicembre betekent 'december'.

dietro

Het bijwoord en voorzetsel *dietro* betekent '(daar)achter'.
Là dietro è il bagno. – Het toilet is daarachter.

dietro

Il dietro betekent 'de achterkant'.

di dietro

Di dietro betekent 'achter-' en heeft een bijvoeglijke functie.
le gambe di dietro del cavallo – de achterbenen van het paard

difendere

Difendere betekent 'verdedigen'. Zie 'prendere' voor de vervoeging.

dipinto

Dipinto is het onregelmatig voltooid deelwoord van *dipingere* ('schilderen'). Als zelfstandig naamwoord betekent *il dipinto* 'het schilderij'.

di più, più di

Di più en *più di* betekenen 'meest' of 'meer dan'.
La pizza mi piace più della pasta, ma la carne mi piace di più. – Pizza vind ik lekkerder dan pasta, maar vlees vind ik het lekkerst.

dire

Het onregelmatig werkwoord *dire* ('zeggen') heeft als hulpwerkwoord *avere* en als voltooid deelwoord *detto*. Het is oorspronkelijk een werkwoord van de tweede vervoeging (*-ere*) en heeft nu een samengetrokken vorm in de *infinito*. Het werkwoord is regelmatig wanneer je uitgaat van de oorspronkelijke vorm *dicere* (behalve bij de tweede persoon meervoud).

ind. presente	imperfetto	passato remoto	imperativo
io dico	dicevo	dissi	-
tu dici	dicevi	dicesti	di'
lui dice	diceva	disse	dica
noi diciamo	dicevamo	dicemmo	diciamo
voi dite	dicevate	diceste	dite
loro dicono	dicevano	dissero	dicano

congiuntivo presente	congiuntivo imperfetto
io dica	dicessi
tu dica	dicessi
lui dica	dicesse
noi diciamo	dicessimo
voi diciate	diceste
loro dicano	dicessero

futuro	condizionale
io dirò	direi
tu dirai	diresti
lui dirà	direbbe
noi diremo	diremmo
voi direte	direste
loro diranno	direbbero

Een uitdrukking met *dire* is:
Tra dire e fare c'è mezzo il mare. – Zeggen en doen zijn twee verschillende zaken.

discutere

Discutere betekent 'bespreken' of 'discussiëren'. Het hulpwerkwoord is *avere*, het voltooid deelwoord is *discusso*.

ind. presente	imperfetto	passato remoto	imperativo
io discuto	discutevo	discussi	-
tu discuti	discutevi	discutesti	discuti
lui discute	discuteva	discusse	discuta
noi discutiamo	discutevamo	discutemmo	discutiamo
voi discutete	discutevate	discuteste	discutete
loro discutono	discutevano	discussero	discutano

congiuntivo presente	*congiuntivo imperfetto*
io discuta	discutessi
tu discuta	discutessi
lui discuta	discutesse
noi discutiamo	discutessimo
voi discutiate	discuteste
loro discutano	discutessero

futuro	*condizionale*
io discuterò	discuterei
tu discuterai	discuteresti
lui discuterà	discuterebbe
noi discuteremo	discuteremmo
voi discuterete	discutereste
loro discuteranno	discuterebbero

ditta

La ditta betekent 'het bedrijf' of 'de firma'.

dito

Il dito betekent 'de vinger' of 'de teen' en heeft een onregelmatig meervoud: *le dita*.

duim – il pollice	grote teen – il dito grosso / l' alluce
wijsvinger – l' indice	tweede teen – il secondo dito
middelvinger – il dito medio	derde teen – il terzo dito
ringvinger – il dito anulare	vierde teen – il quarto dito
pink – il mignolo	kleine teen – il quinto dito

dittongo

Dittongo betekent 'tweeklank'. Twee klinkers vormen één lettergreep, waarin één klinker beklemtoond is. De afzonderlijke klinkers worden apart uitgesproken.

au – causa
ei – sei
ai – mai
ie – chiedo
uo – fuoco

dittongo mobile

Dittongo mobile betekent 'veranderlijke tweeklank'. De *ie* en *uo* komen alleen voor in beklemtoonde en open lettergrepen, dus in onbeklemtoonde en gesloten lettergrepen staan *e* en *o*. Dit zie je ook in een aantal werkwoorden, bijvoorbeeld *nuocere, tenere, venire, muovere, nuotare* etc.

dividere

Dividere betekent 'delen' of 'verdelen'. Zie 'ridere' voor de vervoeging.

domandare

Domandare betekent 'vragen' (om iets te weten te komen).
domandare un indirizzo – een adres vragen

domani

Het bijwoord *domani* betekent 'morgen'.

domenica

Domenica betekent 'zondag'.
Zie ook 'dagen van de week'.

domenica delle palme

Domenica delle palme betekent 'palmzondag'.

domenica in albis

Domenica in albis betekent 'beloken pasen', ofwel de zondag na pasen.

dopo

Het bijwoord *dopo* betekent 'na', 'erna' of 'later', zowel in tijd als plaats.
Prima fai i compiti e dopo potrai uscire. – Je maakt eerst je huiswerk en dan kun je naar buiten gaan.
Si va dritto fino all'incrocio e subito dopo c'è il Duomo. – Je gaat rechtdoor tot aan het kruispunt en meteen daarna is de Dom.

dopodomani

Het bijwoord *dopodomani* betekent 'overmorgen'.

dove

Het vraagwoord *dove* betekent 'waar' of 'waarheen'. De laatste *e* wordt geëlideerd als het voor de werkwoordsvorm *è* staat (zie 'elisie').

Di dov' è? – Waar komt hij/ zij/ u vandaan?
Wanneer je wilt weten waar iets of iemand zich bevindt, gebruik je *dove sei* en niet *dove stai*. Dit hoor je overigens vaak zeggen in de buurt van Rome, maar het is geen correct Italiaans.

dovere

Dovere betekent 'moeten'. Het is een onregelmatig werkwoord in de *indicativo presente* en de *futuro/condizionale*. Het hulpwerkwoord is *avere* en het voltooid deelwoord is *dovuto*.

ind. presente	*imperfetto*	*passato remoto*	*imperativo*
io devo	dovevo	dovetti	-
tu devi	dovevi	dovesti	-
lui deve	doveva	dovette	-
noi dobbiamo	dovevamo	dovemmo	-
voi dovete	dovevate	doveste	-
loro devono	dovevano	dovettero	-

congiuntivo presente	*congiuntivo imperfetto*
io deva/ debba	dovessi
tu deva/ debba	dovessi
lui deva/ debba	dovesse
noi dobbiamo	dovessimo
voi dobbiate	doveste
loro devano/ debbano	dovessero

futuro	*condizionale*
dovrò	dovrei
dovrai	dovresti
dovrà	dovrebbe
dovremo	dovremmo
dovrete	dovreste
dovranno	dovrebbero

dozzina

Dozzina betekent 'dozijn'.
Zie ook 'decina'.

drieklank

Een drieklank wordt gevormd door drie klinkers in een lettergreep, waarvan altijd twee *i*'s of een *i* en een *u*.
i miei, i tuoi

dritto/diritto

Dritto en *diritto* betekenen 'recht', 'rechtdoor' of 'sluw'.

dubbele medeklinkers

Door dubbele medeklinkers te gebruiken kan de uitspraak, maar ook de betekenis veranderen. De klank van de dubbele medeklinker wordt langer vastgehouden.
casa ('huis') – cassa ('kassa')
palla ('bal') – pala ('schop')

dubbele ontkenning

Een dubbele ontkenning komt in het Italiaans vaak voor. Er worden twee woorden met een ontkennende betekenis in één zin gebruikt.
Non dice mai niente. – Hij zegt nooit iets.
Je zou dus ook kunnen lezen: Hij zegt nooit niks.

Non + werkwoord + *niente/nulla, nessuno, mai, mai niente, neanche.*
Wanneer er geen werkwoord bij staat vervalt *non.*
Hai visto qualcuno? No, nessuno. – Heb je iemand gezien? Nee, niemand.

due altri/altri due

Zie 'altri due'.

durante

Durante betekent 'tijdens' of 'gedurende'.
Durante l'inverno gli uccelli vanno al Sud. – Tijdens de winter trekken de vogels naar het Zuiden.

duro

Duro betekent 'hard'.

E

e

Met *e* kan zowel de klinker als het voegwoord (in de betekenis 'en') worden bedoeld.

è

È is de derde persoon enkelvoud, *indicativo presente* van *essere*: 'hij/zij is', 'u bent'.

eccolo, eccola

Eccolo en *eccola* betekenen respectievelijk 'daar is hij' en 'daar is zij'. Het persoonlijk voornaamwoord staat achter *ecco* vastgeplakt.

Sabrina dove sei? Dobbiamo partire! – Eccomi qua.
Sabrina, waar ben je? We moeten gaan. – Hier ben ik.

echo

'Echo' kan vertaald worden met *eco* of met *ecografia* (een echo in het ziekenhuis).

ed

Voor een woord dat met een *e* begint, verandert het voegwoord *e* in *ed*.

Carlo e Marina – Carlo ed Esther

eergisteren

'Eergisteren' wordt vertaald met *l'altro ieri*.

eeuwen

De eeuwen worden met het rangtelwoord aangegeven:

il dodicesimo secolo – de twaalfde eeuw

In de (kunst)geschiedenis, literatuur e.d. worden de dertiende tot en met de twintigste eeuw ook weergegeven met honderdtallen:

il Duecento	: dertiende eeuw	il tredicesimo secolo
il Trecento	: veertiende eeuw	il quattordicesimo secolo
il Quattrocento	: vijftiende eeuw	il quindicesimo secolo
il Cinquecento	: zestiende	il sedicesimo secolo

il Seicento	: zeventiende eeuw	il diciassettesimo secolo
il Settecento	: achttiende eeuw	il diciottesimo secolo
l'Ottocento	: negentiende eeuw	il diciannovesimo secolo
il Novecento	: twintigste eeuw	il ventesimo secolo

egli

Het persoonlijk voornaamwoord *egli* betekent 'hij' en wordt gebruikt in plaats van *lui* in formeel (schriftelijk) taalgebruik.

eigen

Zie 'proprio'.

eigennaam

De achternaam blijft onveranderlijk, ook in het meervoud. Alleen het bepaald lidwoord staat dan in de meervoudsvorm.
Gli Angelucci abitano a Pisa. – De familie Angelucci woont in Pisa.
Ook wanneer de achternaam voorafgegaan wordt door een titel staat het bepaald lidwoord ervoor:
il dottor Pisello – dokter Pisello

elisie

Elisie is het wegvallen van een onbeklemtoonde eindklinker van een woord voor een beginklinker van een volgend woord. In plaats van de eindklinker wordt een apostrof geschreven. Dit is in vele gevallen facultatief, maar verplicht bij:

- het lidwoord voor een zelfstandig naamwoord dat met een klinker begint.
  l'albero ('de boom'), *un'amica* ('een vriendin'), *dell'amico* ('van de vriend')
- de bijvoeglijke naamwoorden *bello/-a* en *santo/-a*.
  bell'uomo ('knappe man')
  sant'Antonio ('de heilige Antonius')
- het aanwijzend voornaamwoord *quello/-a*.
  quell' uomo ('die man')
- vaste uitdrukkingen zoals *mezz'ora* ('een half uur'), *vent'anni* ('twintig jaar'), *tutt'altro* ('geheel anders')
- *come, dove, quanto, anche, ci* voor een *e* of *i*

elkaar

'Elkaar' wordt vertaald door middel van het wederkerend voornaamwoord *ci, vi, si* of in geval van onduidelijkheid versterkt door *l'un l'altro, fra di noi, a vicenda.*

Ci siamo salutati. – We hebben elkaar begroet.
Ci guardiamo l'un l'altro. – We kijken elkaar aan
Ci guardiamo nello specchio. – We bekijken onszelf in de spiegel.

elke

'Elke' wordt vertaald met *ogni*. *Ogni* is onveranderlijk en staat in het enkelvoud.
ogni giorno – elke dag
Het kan ook vertaald worden door *tutti/e* + bepaald lidwoord + zelfstandig naamwoord: *tutto* is veranderlijk en staat in het meervoud.
tutti i giorni – elke dag
Let op, want *tutto* + bepaald lidwoord + zelfstandig naamwoord in het enkelvoud betekent 'de hele'.
tutto il giorno – de hele dag

en

'En' wordt vertaald door *e* of *ed*.

enkelvoud en meervoud

Zie 'geslacht'.
Sommige zelfstandige naamwoorden zijn altijd enkelvoud of altijd meervoud.
Altijd enkelvoud zijn *la gente* ('de mensen') en *l'uva* ('de druiven').
Altijd meervoud zijn *i pantaloni* ('broek'), *i soldi* ('geld'), *i jeans* ('jeans').

entrambi, -e

Entrambi is een collectief telwoord en betekent 'beide' of 'allebei'. Het wordt gevolgd door het bepaald lidwoord en is formeel taalgebruik voor *tutt'e due*.
Entrambi gli scrittori hanno mai vinto il premio Nobel. – Beide schrijvers hebben ooit de Nobelprijs gewonnen.

Epifania

Epifania is een feestdag op 6 januari (Driekoningen).
Zie ook 'La Befana'.

er, ervan, erin

'Er', 'Ervan' en 'Erin' worden vertaald met *ci* of *ne*.
ci: 'er' verwijst naar een eerder genoemde plaatsaanduiding of bepaling met het voorzetsel *a*.

Vado volentieri alla spiaggia. E tu, ci vai volentieri? – Ik ga graag naar het strand. En jij, ga jij er graag heen?
ne: 'er' verwijst naar eerder genoemde personen of zaken, vaak met het voorzetsel *di*.
Vuoi ancora un po' di pane? No grazie, ne ho ancora. – Wil je nog wat brood? Nee, ik heb nog.

er is/zijn

'Er is' wordt vertaald met *esserci* of *c'è*, 'er zijn' met *ci sono*. *Ci* wordt voor de werkwoordvervoeging van *essere* geplaatst. Alleen in de *infinito* wordt het erachter geplakt.
Non ci sono mai stato. – Ik ben er nooit geweest.

-ere

Zie 'regelmatige vervoeging op *-ere*'.

esatto, esattamente

De bijwoorden *esatto* en *esattamente* betekenen 'juist' of 'precies'.
Zie ook 'certo, certamente'.

essere

Essere ('zijn') is een onregelmatig werkwoord. Het hulpwerkwoord is *essere* en het voltooid deelwoord is *stato*. Zie hiervoor ook bij 'overeenstemming van het voltooid deelwoord'.

ind. presente	*imperfetto*	*passato remoto*	*imperativo*
io sono	ero	fui	-
tu sei	eri	fosti	sii
lui è	era	fu	sia
noi siamo	eravamo	fummo	siamo
voi siete	eravate	foste	siate
loro sono	erano	furono	siano

congiuntivo presente	*congiuntivo imperfetto*
io sia	fossi
tu sia	fossi
lui sia	fosse
noi siamo	fossimo
voi siate	foste
loro siano	fossero

futuro	*condizionale*
io sarò	sarei
tu sarai	saresti
lui sarà	sarebbe
noi saremo	saremmo
voi sarete	sareste
loro saranno	sarebbero

Uitdrukkingen met *essere* zijn:
essere al verde – op zwart zaad zitten
essere in bolletta – op zwart zaad zitten
essere come l'asino di Buridano – geen keuze kunnen maken
Il silenzio è d'oro e la parola è d'argento. – Spreken is zilver, zwijgen is goud.

esserci
Esserci betekent 'er zijn': *essere* + *ci*. Alleen in de *infinito* staat *ci* achter *essere* vastgeplakt. Bij de vervoegingen staat *ci* voor het werkwoord.

esso, essa, essi, esse
Deze persoonlijke voornaamwoorden komen in plaats van *lui*, *lei* en *loro* in formeel (schriftelijk) taalgebruik voor.

est
Est betekent 'oost'.

estate
De *estate* is de 'zomer'.

Estate di San Martino
Op 11 november is de dag van San Martino. De uitdrukking wordt gebruikt wanneer in het najaar nog een paar zomerse dagen komen ('nazomertje'). Ook in figuurlijke zin wordt het gebruikt voor iemand die op latere leeftijd ineens weer helemaal opleeft.

eten
ontbijt – la colazione
tussen ontbijt en lunch – lo spuntino
lunch – il pranzo
tussen lunch en diner – la merenda
avondeten/diner – la cena

even
Zie 'stellende trap' in betekenis van 'evenveel'.
In betekenis van 'een beetje' en 'amper' gebruik je *un po'* of *appena*.

even later
'Even later' wordt vertaald met *poco dopo*.

eventjes
'Eventjes' wordt vertaald met *un momentino, appena* of *un po'*.

evenveel
'Evenveel' wordt vertaald met *altrettanto*.
I biglietti sono altrettanto cari. – De kaartjes zijn even duur.
Zie ook 'stellende trap'.

extracomunitario
Extracomunitario betekent 'allochtoon'.
Zie ook 'allochtoon'.

F

fa

Fa is de derde persoon enkelvoud van *fare*: 'hij doet', 'hij maakt'.
Fabio fa tanto rumore. – Fabio maakt veel lawaai.
Als tijdsaanduiding betekent *fa* 'geleden':
due giorni fa – twee dagen geleden

Zie ook 'tijdsaanduidingen'.

familie

De Italiaanse familie-aanduidingen luiden:

famiglia	familie
parenti	familieleden
genitori	ouders
padre/madre	vader/ moeder
papà, babbo	papa
mamma	mama
nonno/nonna	opa/oma (opa en oma samen worden aangeduid met *i nonni*)
figlio/figlia	zoon/dochter ('kinderen' in het algemeen wordt aangeduid in de mannelijke vorm meervoud: 'Lei ha figli?' – 'Heeft u kinderen?')
nipote	kleinkind en nicht/neef (kind van broer of zus)
fratello	broer
fratelli	broers (maar ook 'broers en zussen'!)
sorella	zus
zio/zia	oom/tante
cugino/cugina	neef/nicht
genero	schoonzoon
nuora	schoondochter
cognato/cognata	zwager/schoonzus
suocero/suocera	schoonvader/schoonmoeder

familienaam

Zie 'eigennaam'.

Fantozziano

Fantozziano is afgeleid van Fantozzi, een beroemd personage uit de Italiaanse komische filmwereld van de afgelopen 20 jaar. Hij is een doorsnee man met pech, een saaie baan bij een internationaal bedrijf en een lelijke vrouw en dochter. Dit bijvoeglijk naamwoord geeft aan dat alles fout gaat.

una gita fantozziana – een reisje op zijn Fantozzi's

fare

Fare is een onregelmatig werkwoord, oorspronkelijk van de tweede vervoeging *facere*, maar het heeft nu een samengetrokken infinitief. Het hulpwerkwoord is *avere* en het voltooid deelwoord is *fatto*.

ind. presente	*imperfetto*	*passato remoto*	*imperativo*
io faccio	facevo	feci	–
tu fai	facevi	facesti	fa'
lui fa	faceva	fece	faccia
noi facciamo	facevamo	facemmo	facciamo
voi fate	facevate	faceste	fate
loro fanno	facevano	fecero	facciano

congiuntivo presente	*congiuntivo imperfetto*
io faccia	facessi
tu faccia	facessi
lui faccia	facesse
noi facciamo	facessimo
voi facciate	faceste
loro facciano	facessero

futuro	*condizionale*
io farò	farei
tu farai	faresti
lui farà	farebbe
noi faremo	faremmo
voi farete	fareste
loro faranno	farebbero

Uitdrukkingen met *fare* zijn:

Fa il bene e scordati, fa il male e pensaci. – Het is normaal dat je iets goed doet zonder erbij stil te staan, maar als je iets fout doet moet je ervan leren.

Fa quel che il prete dice, non quel che il prete fa. – Regels gelden altijd, ook al houdt degene die ze uitspreekt zich er niet aan.
Una rondine non fa primavera. – Een zwaluw maakt nog geen zomer.
Far le parti del leone. – Wanneer je iets deelt, jezelf een onevenredig groot deel toe-eigenen.

farcela

Een samentrekking van *fare* + *ci* + *la* = 'lukken', 'het redden', 'erin slagen'.
Het voltooid deelwoord eindigt op *-a*:
Ce l'ha fatta – Het is hem gelukt.

fatto

Fatto is het onregelmatig voltooid deelwoord van *fare*. Het betekent ook wel 'onder invloed zijn van drugs (of alcohol)'.
Quando tornava di notte, Luigi era fatto. – Toen Luigi 's nachts thuiskwam, was hij high.

febbraio

Febbraio betekent 'februari'.

feestdag

Een 'feestdag is een *giorno festivo*.
Il Natale – Eerste Kerstdag
Santo Stefano – 26 december (Tweede Kerstdag)
San Silvestro – Oudjaar
Capodanno – Nieuwjaar
L'Epifania – 6 januari (Driekoningen)
Pasqua – Pasen
25 Aprile – Bevrijdingsdag (1945)
1 maggio – Dag van de Arbeid
L'Assunzione/Ferragosto – 15 augustus (Maria Hemelvaart)
1 Novembre (Ognissanti) – Allerheiligen

FIAT

FIAT staat voor *Fabbrica Italiana Automobili Torino*. Het bedrijf werd in 1899 gevestigd door Giovanni Agnelli. In 1900 werd de eerste fabriek gebouwd: een gebouw van 12.000 m^2 met 150 werknemers. FIAT had meteen succes en al in 1903 exporteerden ze auto's naar de Verenigde Staten. In 1915 werkten er al meer dan 10.000 mensen bij FIAT en werd het werkterrein uitgebreid naar de luchtvaartindustrie.

In 1922 werd de autoproductie geplaatst in het Lingotto-gebouw, een historisch gebouw van vijf verdiepingen met op de zesde verdieping (het dak) een testcircuit om de nieuwe auto's uit te proberen. Het bekendste en succesvolste type auto van FIAT is de 500 (*il topolino*).

finché

Finché betekent 'zo lang als'.

finché non

Finché non betekent 'totdat'. Let op: *non* heeft geen ontkennende betekenis.

fonetisch alfabet

De uitspraak van de afzonderlijke letters:

a – [a]	f – [effe]	k – [kappa]	p – [pi]	u – [u]	z – [zeta]
b – [bi]	g – [gi]	l – [elle]	q – [qu]	v – [vu]	
c – [ci]	h – [acca]	m – [emme]	r – [erre]	w – [doppia vu]	
d – [di]	i – [i]	n – [enne]	s – [esse]	x – [ics]	
e – [e]	j – [i lunga]	o – [o]	t – [ti]	y – [ipsilon]	

forse

Forse betekent 'misschien'.

fra

Het voorzetsel *fra* is uitwisselbaar met het voorzetsel *tra*.
'tussen': Il bambino deve scegliere fra il bene e il male. – Het kind moet kiezen tussen het goede en het kwade.
'tussen' (tijd): Mario arriverà fra le due e le tre. – Mario komt tussen twee en drie.
'over': Il dottore torna fra due minuti. – De dokter komt over twee minuten terug.

fra poco

Fra poco betekent 'direct' of 'zo meteen'.
Fra poco comincerà il film. – De film begint zo meteen.

Zie ook 'bijwoordelijke uitdrukking'.

francesismi

Dit is veritaliaanst Frans, zonder dat het nodig is. Waarom zou je bijvoorbeeld *debutto* (het Franse woord is *debout*) zeggen als er ook een Italiaans woord voor is, namelijk *esordio*!

fritto

Fritto is het onregelmatig voltooid deelwoord van *friggere*, dat 'bakken' betekent.

Zie ook '-gere'.

fronte

Let op het lidwoord van *fronte*; het kan twee betekenissen hebben:
il fronte – de oorlog
la fronte – de voorkant, het voorhoofd

fuggire

Fuggire betekent 'vluchten'. Het werkwoord eindigt op *-gire*, maar is een uitzondering. De meeste regelmatige werkwoorden op *-gire* hebben *-isc-* tussen stam en uitgang en behouden dus overal de zachte, palatale klank. Bij *fuggire* is dit niet het geval. Het hulpwerkwoord is *essere*, het voltooid deelwoord is *fuggito*.

ind. presente	*imperfetto*	*passato remoto*	*imperativo*
io fuggo	fuggivo	fuggii	-
tu fuggi	fuggivi	fuggisti	fuggi
lui fugge	fuggiva	fuggì	fugga
noi fuggiamo	fuggivamo	fuggimmo	fuggiamo
voi fuggite	fuggivate	fuggiste	fuggite
loro fuggono	fuggivano	fuggirono	fuggano

congiuntivo presente	*congiuntivo imperfetto*
io fugga	fuggissi
tu fugga	fuggissi
lui fugga	fuggisse
noi fuggiamo	fuggissimo
voi fuggiate	fuggiste
loro fuggano	fuggissero

futuro	*condizionale*
io fuggirò	fuggirei
tu fuggirai	fuggiresti
lui fuggirà	fuggirebbe
noi fuggiremo	fuggiremmo
voi fuggirete	fuggireste
loro fuggiranno	fuggirebbero

Uitdrukkingen met *fuggire* zijn:
Il tempo fugge. – De tijd vliegt.
fuggire i cattivi compagni – slecht gezelschap mijden

fuori

Het bijwoord *fuori* betekent 'buiten'.
Abito fuori città. – Ik woon buiten de stad.
Questo vestito è proprio fuori moda. – Deze jurk is echt uit de mode.

futuro (semplice)

De *futuro (semplice)* is de toekomende tijd en wordt gebruikt om:
- toekomstige handelingen of situaties weer te geven:
  La settimana prossima andremo in vacanza. – Volgende week gaan we op vakantie.
- iets toe te geven met enige reserve:
  Avrà ragione papà, ma io ne ho ancora dei dubbi. – Papa zal wel gelijk hebben, maar ik heb er nog zo mijn twijfels over.
- een vermoeden te uiten:
  Saranno già le sei, perché sta diventando buio. – Het zal al wel zes uur zijn, want het wordt al donker.
- zich iets af te vragen (let op: in het Nederlands gebruiken we daar 'zouden' voor!):
  Cosa penseranno gli anziani ritardati? – Wat zouden demente bejaarden denken?

Vorming van de *futuro (semplice)*: *infinito* zonder de laatste *-e* (de laatste letter is dan een *-r*), en daarachter de vervoeging. Let op: werkwoorden op *-are* krijgen bovendien een *-e* in plaats van een *-a*.

parlare	> parler-ò	creder-ò	partir-ò
	> parler-ai	crederai	partirai
	> parler-à	crederà	partirà
	> parler-emo	crederemo	partiremo
	> parler-ete	crederete	partirete
	> parler-anno	crederanno	partiranno

Onregelmatige vormen zijn:

avere:	avrò	('hebben')
andare:	andrò	('gaan')
potere:	potrò	('kunnen')
sapere:	saprò	('weten')
vedere:	vedrò	('zien')

essere:	sarò	('zijn')
dare:	darò	('geven')
fare:	farò	('doen')
stare:	starò	('zijn')
bere:	berrò	('drinken')
rimanere:	rimarrò	('verblijven')
venire:	verrò	('komen')
volere:	vorrò	('willen')
trarre:	trarrò	('trekken')
proporre:	proporrò	('voorstellen')
produrre:	produrrò	('produceren')

futuro anteriore

De *futuro anteriore* bestaat uit de *futuro* van *avere* of *essere* met een voltooid deelwoord. Hij wordt gebruikt om een gebeurtenis aan te geven die in de toekomst zal plaatsvinden vóór iets anders, of om een vermoeden aan te geven.

avere:	avrò	essere:	sarò
	avrai		sarai
	avrà		sarà
	avremo		saremo
	avrete		sarete
	avranno		saranno

Sarà andato subito a casa. – Hij zal wel meteen naar huis zijn gegaan. (vermoeden)
Quando avrà fatto i compiti, andrà a fare la spesa. – Wanneer hij klaar is met zijn huiswerk, zal hij boodschappen gaan doen. (toekomstige gebeurtenis)

Bij een toekomstige gebeurtenis kan de *futuro anteriore* ook worden vervangen door een *futuro* of een *indicativo presente*.

G

-ga
Zie '-ca'.

-gare
Zie '-care' en 'pagare'.

gebaren
Italianen staan bekend om veel dingen en een daarvan is het praten met de handen. Een paar gebaren zullen we proberen uit te leggen.
Om aan te geven dat je iets lekker vindt, draai je de top van je wijsvinger heen en weer op je wang (alsof je er een gaatje in wilt boren).
Een gebaar om je vraag 'wat wil je nou eigenlijk?' nadruk te geven is door al je vingertoppen en duim van een hand tegen elkaar te doen en deze hand vervolgens heen en weer te bewegen (ongeveer op borsthoogte).
Om het ongeluk af te zweren ('afkloppen') kun je een vuist maken met de binnenkant ervan naar je toe en omlaag gericht. Dan strek je je wijsvinger en pink.
Om uit te drukken of iemand slim of gek is wordt het opletten, want als wij met onze wijsvinger tegen onze slaap aan tikken dan bedoelen we dat de ander slim is, of iets slims heeft gezegd. De Italiaan bedoelt met ditzelfde gebaar dat de ander gek is.
Als wij iemand op een grove manier beledigen is dat meestal door middel van de middelvinger die omhoog wordt gestoken. De Italiaan doet precies hetzelfde, alleen in plaats van de middelvinger gebruikt hij de wijsvinger èn pink, zodat je een soort 'hoorntjes' krijgt. 'Iemand de hoorntjes opzetten' betekent in het Italiaans dat je hem ervan beschuldigt dat zijn vrouw vreemdgaat.
Een andere belediging is door met je wijsvinger je oor een tikje te geven (van achter naar voor). Je maakt de ander dan voor homofiel uit.

gebiedende wijs
Zie 'imperativo'.

geldautomaat

Een geldautomaat heet in Italië een *sportello automatico*, of (wat meer wordt gebruikt) *il bancomat*.

gemengd meervoud

Wanneer het onderwerp slaat op zowel een vrouwelijke als een mannelijke zaak/persoon dan krijgt het bijvoeglijk naamwoord de mannelijke uitgang, evenals het eventueel aanwezige voltooid deelwoord indien het vervoegd wordt met *essere*.
Luigi e le sue sorelle sono veramente simpatici. – Luigi en zijn twee zussen zijn echt sympathiek.
Ha tre figli. Due maschi e una femmina. – Hij heeft drie kinderen. Twee jongens en een meisje.

gennaio

Gennaio betekent 'januari'.

geografische namen

Geografische namen worden met een hoofdletter geschreven, behalve wanneer het gaat om nationaliteitsaanduidingen.
Bij steden wordt altijd het voorzetsel *a* gebruikt:
Vado a Parigi. – Ik ga naar Parijs.
Steden hebben géén lidwoord bij zich, behalve wanneer de stad nader omschreven wordt met een bijvoeglijk naamwoord:
Vado alla bella Parigi. – Ik ga naar het mooie Parijs.
Dit lidwoord is altijd vrouwelijk, omdat *città* ook vrouwelijk is.
Rivieren, werelddelen, landen, grote eilanden e.d. krijgen het bepaald lidwoord bij zich:
Il Po è un fiume molto lungo. – De Po is een erg lange rivier.
La Sardegna è stupenda! – Sardinië is waanzinnig!
Non sono mai stato nell'Africa. – Ik ben nog nooit in Afrika geweest.

-gere

Zie '-cere' en 'leggere'.

gerundio

De *gerundio* is onveranderlijk en staat vaak in de plaats van een bijzin. Het duidt een handeling aan die gelijktijdig plaatsvindt met de handeling van het hoofdwerkwoord. (Bij de *gerundio passato* gaat de handeling vooraf aan die van het hoofdwerkwoord.) Het eventuele persoonlijke voornaamwoord komt achter de *gerundio*.

Vorming:
werkwoord op *-are*: stam + *ando*
werkwoord op *-ere*: stam + *endo*
werkwoord op *-ire*: stam + *endo*

Leggendo il giornale mangia il panino. – Terwijl hij de krant leest, eet hij zijn broodje.
Avendo letto il giornale mangiò il panino. – Nadat hij de krant had gelezen, at hij zijn broodje.
Pensandoti mi viene voglia di piangere. – Terwijl ik aan je denk, krijg ik behoefte om te huilen.

Het *gerundio* kan vervangen worden door *mentre* + *imperfetto*:
Mentre parlava ho mangiato il panino. / Parlando lui, ho mangiato il panino. – Terwijl hij sprak, heb ik mijn broodje opgegeten.

a + *infinito* in een voorwaardelijke bijzin:
A mangiare troppo diventi grasso. / Mangiando troppo diventi grasso. – Als je te veel eet, word je dik.

in + lidwoord + *infinito* bij een gelijktijdige handeling:
Nel guardare la tv suonò il telefono. / Guardando la tv suonò il telefono. – Terwijl hij tv keek, ging de telefoon.

con + lidwoord + *infinito* in een redengevende bijzin:
Col mangiare troppo ingrassi. / Mangiando troppo ingrassi. – Door teveel te eten word je dik.

geslacht

In het Italiaans zijn woorden mannelijk of vrouwelijk: onzijdige woorden bestaan niet. Woorden die uit het Latijn afkomstig zijn, hebben hun geslacht behouden. De onzijdige woorden uit het Latijn zijn mannelijk geworden in het Italiaans.
Het geslacht van zelfstandige naamwoorden die mensen of dieren aanduiden komt meestal overeen met het daadwerkelijke geslacht en kent dus een vrouwelijke alsook een mannelijke vorm.
Zie 'zelfstandige naamwoorden die een persoon aanduiden'.
il ragazzo, la ragazza – de jongen, het meisje
il gatto, la gatta – de kat, de poes

Het geslacht van zelfstandige naamwoorden die zaken aanduiden is willekeurig.

il fuoco – het vuur
la torta – de taart
il muro – de muur

Zelfstandige naamwoorden eindigen (op een enkele na) op *-o*, *-a* of *-e*.
De uitzonderingen buiten beschouwing gelaten kun je de volgende indeling maken:
Zelfstandig naamwoord dat eindigt op *-o* (meervoud *-i*): mannelijk geslacht.
il palazzo – i palazzi ('het gebouw')
Zelfstandig naamwoord dat eindigt op *-a* (meervoud *-e*): vrouwelijk geslacht.
la sorella – le sorelle ('de zus')
Zelfstandig naamwoord dat eindigt op *-e* (meervoud *-i*): mannelijk/vrouwelijk geslacht.
il pianoforte – i pianoforti ('de piano')
la stazione – le stazioni ('het station')

Een paar belangrijke uitzondering zijn:
Vrouwelijke zelfstandige naamwoorden die eindigen op *-o*:
la foto – de foto
la moto – de motor
la mano – de hand
Het meervoud blijft gelijk: *-o*.
Mannelijke zelfstandige naamwoorden die eindigen op *-a*:
il cinema – de bioscoop
il problema – het probleem
Het meervoud wordt *-i*.
Zelfstandige naamwoorden die eindigen op een medeklinker of beklemtoonde klinker. Zij blijven onveranderlijk in het meervoud:
il bar ('de bar'), il computer ('de computer'), la città ('de stad')

gezegde (plaats)

In het Italiaans worden hulpwerkwoord en voltooid deelwoord niet gescheiden van elkaar.
De volgorde is dan ook onderwerp – gezegde – voorwerp.
Giovanni ha bevuto una coca cola. – Giovanni heeft een cola gedronken.
La settimana scorsa Giovanni ha bevuto una coca cola. – Vorige week heeft Giovanni een cola gedronken.

Wanneer er nadruk wordt gelegd op het onderwerp dan kan dit ook achter het gezegde staan:
È successo un miracolo. – Er is een wonder gebeurd.

-gia
Zie '-cia'.

-giare
Zie '-ciare' en 'mangiare'.

giorno feriale
Een *giorno feriale* is een 'werkdag'.

giorno festivo
Een *giorno festivo* is een 'feestdag'.

giovedì
Giovedì betekent 'donderdag'.

giovedì grasso
Giovedì grasso is de laatste donderdag van carnaval, een kleine week voordat de vasten beginnen.

giovedì santo
Giovedì santo is 'Witte Donderdag'.

giovedì di passione
Giovedì di passione is de donderdag voor Palmzondag.

-gire
Zie '-cire' en 'fuggire'.

gisteren
'Gisteren' wordt vertaald met *ieri*.

giugno
Guigno betekent 'juni'.

giungere
Giungere betekent 'bereiken' of 'aankomen'. Het hulpwerkwoord is *essere*, het voltooid deelwoord *giunto*.

ind. presente	*imperfetto*	*passato remoto*	*imperativo*
io giungo	giungevo	giunsi	-
tu giungi	giungevi	giungesti	giungi
lui giunge	giungeva	giunse	giunga
noi giungiamo	giungevamo	giungemmo	giungiamo
voi giungete	giungevate	giungeste	giungete
loro giungono	giungevano	giunsero	giungano

congiuntivo presente	*congiuntivo imperfetto*
io giunga	giungessi
tu giunga	giungessi
lui giunga	giungesse
noi giungiamo	giungessimo
voi giungiate	giungeste
loro giungano	giungessero

futuro	*condizionale*
io giungerò	giungerei
tu giungerai	giungeresti
lui giungerà	giungerebbe
noi giungeremo	giungeremmo
voi giungerete	giungereste
loro giungeranno	giungerebbero

giusto

Giusto betekent 'juist'. Het is een bijvoeglijk naamwoord dat als bijwoord wordt gebruikt.
Bijvoeglijk naamwoord:
Ho pagato il prezzo giusto. – Ik heb de goede prijs betaald.
Bijwoord:
Eccoti arrivato. Ho giusto bisogno di te! – Daar ben je dan. Ik heb je net nodig!

Zie ook 'juist'.

gli

Gli is een bepaald lidwoord mannelijk meervoud ('de') voor een zelfstandig naamwoord dat begint met een klinker of onzuivere *s*:
gli studenti, gli edifici
Het kan ook een persoonlijk voornaamwoord zijn dat als meewerkend voorwerp wordt gebruikt ('hem', 'hun'). Het gebruik van *gli* als persoonlijk voornaamwoord in de derde persoon meervoud

wordt steeds vaker gebruikt dan *loro*, voor *la* in de spreektaal.
Ho incontrato Marina e Pierino e ho consegnato loro i biglietti.
Ik heb Marina en Pierino ontmoet en ik heb hen de kaartjes gegeven.
Deze zin klinkt veel formeler dan:
E gli ho consegnato i biglietti.
Loro wordt dus meer gebruikt in de schrijftaal. In de derde persoon enkelvoud moet men *gli* gebruiken voor de mannelijke vorm en *le* voor de vrouwelijke vorm.
Gli (a lui) ho promesso di venire. – Ik hem hem beloofd te komen.
Le (a lei) ho detto di no. – Ik nee tegen haar gezegd.

glielo, gliela

Zie 'combinatie van persoonlijke voornaamwoorden'.

gn

Zie 'onzuivere s'.

-go

Zie '-co'.

graad

Zie 'bijwoorden van hoeveelheid'.

grande

Het bijvoeglijk naamwoord *grande* betekent 'groot'. Voor een zelfstandig naamwoord dat begint met een medeklinker kun je *grande* verkorten tot *gran*.
una gran donna – een grote vrouw
un gran cantante – een groot zanger
Behalve voor de onzuivere *s*-klanken:
grande spavento – grote angst
Voor zelfstandige naamwoorden (zowel mannelijk als vrouwelijk) die beginnen met een klinker kun je *grande* elideren tot *grand'*:
grand'uomo – een grote man
grand' attrice – een grote actrice
De volledige vorm heeft de voorkeur.

groeten

aankomst, tijd van de dag:
's morgens – buongiorno
's middags / 's avonds – buonasera (na 15:00 uur)

's nachts – buonanotte

vertrek, informeel:	ciao, ci vediamo
vertrek, formeel:	arrivederci, arrivederla

Bij het betreden van een winkel e.d. hoor je ook vaak het algemene *salve* ('gegroet'), zowel bij het komen als het gaan.

gsm

In Italië heet een gsm *il telefono cellulare, il telefonino* of *il cellulare.*

H

h

In het Italiaans wordt de letter *h* uitgesproken als [acca]. De *h* in het Italiaans heeft alleen een grafische waarde, zonder geluid en met drie verschillende functies:

1. na een *c* en *g* voor de *i* of *e* om de harde klank van de *c* en *g* te behouden:

barche, chilo, Inghilterra

2. in de *indicativo presente* van *avere ho, hai ha hanno*, behouden de vormen de Latijnse *h*, om verwarring met de hetzelfde klinkende woorden *o, ai, a* en *anno* te voorkomen.

3. de *h* wordt ook aan tussenwerpsels toegevoegd om verwarring met homofone woorden te voorkomen:

ah, oh, ahi

Doordat de letter *h* dus helemaal geen enkele eigen fonetische waarde heeft zijn er uitdrukkingen ontstaan als:

non capire un' acca – er niks van begrijpen

Zelfstandige naamwoorden die met de *h* beginnen zijn over het algemeen leenwoorden, dus afkomstig uit een andere taal dan het Italiaans.

hamburger, handicap, happening, hinterland, hobby

halfklinkers

Halfklinkers zijn de *i* en *u* direct gevolgd door een andere klinker. De *i* klinkt dan als een *j* en de *u* als een *w*.

ieri ('gisteren'), *uovo* ('ei')

hangen

'Hangen' wordt vertaald met *essere, esserci* of *trovarsi*. In het Italiaans volstaat men met te zeggen dat iemand of iets zich ergens bevindt en niet zozeer op welke manier dat gebeurt. Dit in tegenstelling tot het Nederlands.

L'albero è nel giardino. – De boom staat in de tuin.

Il buccato è nel bagno. – Het wasgoed ligt in de badkamer.

helemaal

'Helemaal' wordt vertaald met *tutto*.

Sono tutto sorpreso. – Ik ben helemaal verbaasd.
Als positief antwoord op een vraag komt ook *affatto* voor.

helemaal niet

'Helemaal niet' wordt vertaald door *non...mica, non...affatto, per niente* en *per nulla*.
Non...mica wordt meer gebruikt om iets tegen te spreken dat gezegd is (met of zonder woorden).
Non sono mica scemo! – Ik ben niet gek! (al denk je misschien van wel)
Non è affatto detto. – Dat is helemaal niet gezegd.
Non ne sono contento per niente. – Ik ben er helemaal niet blij mee.

hetgeen

'Hetgeen' wordt vertaald met *il che* of *e questo*.

hoe

'Hoe' als vraagwoord wordt vertaald als *come;* wanneer 'op welke manier' wordt bedoeld, wordt het vertaald met *in che modo*.
Come sta la mama? – Hoe gaat het met je moeder?

hoe dan ook

'Hoe dan ook' wordt vertaald met *comunque + congiuntivo*. Het werkwoord in de bijzin staat hier in de *congiuntivo*.
Comunque vada la storia, noi non faremo parte. – Hoe het verhaal ook verder gaat, wij zullen er niet bij zijn.

hoe laat

'Hoe laat' wordt vertaald met *che ora*.
A che ora parte l'autobus? – Hoe laat vertrekt de bus?

hoe lang

'Hoe lang' wordt vertaald met *quanto tempo*.
Quanto tempo ti serve? – Hoeveel tijd heb je nodig?
Quanto tempo ci vuole per arrivare da Parigi a Milano in aereo? Hoe lang doe je erover om per vliegtuig van Parijs naar Milaan te gaan?

hoe meer...hoe meer

'Hoe meer...hoe meer' wordt vertaald met *più...e più* in al dit soort zinnen van vergelijkingen.

Più lo vedo più lo detesto. – Hoe meer ik hem zie, hoe meer ik hem verafschuw.
Più ne mangio meglio mi sento. – Hoe meer ik ervan eet, hoe beter ik me voel.

hoe oud

'Hoe oud' wordt vertaald met *quanti anni.*
Quanti anni hai? – Hoe oud ben jij?

hoe vaak

'Hoe vaak' wordt vertaald met *quante volte.*
Quante volte vai in palestra? – Hoe vaak ga je naar de sportschool?

hoeveel

'Hoeveel' wordt vertaald met *quanto.*
Quante patate desidera? – Hoeveel aardappelen wilt u?

hoeveelheid + *di*

Tussen een zelfstandig naamwoord dat een hoeveelheid aangeeft en een ander zelfstandig naamwoord staat het voorzetsel *di.*
due etti di prosciutto – twee ons ham
un bicchiere di vino – een glas wijn

hoeven, nodig zijn

'Hoeven' en 'nodig zijn' worden vertaald met *essere necessario, basta + infinito.*
Non è necessario venire. – Je hoeft niet te komen.
Basta venire. – Je hoeft alleen maar te komen.
Basta aggiungere l'acqua. – Je hoeft alleen maar water toe te voegen.

hoezeer dan ook

'Hoezeer dan ook' wordt vertaald met *per quanto + congiuntivo.* Het werkwoord in de bijzin staat hier in de *congiuntivo.*
Per quanto parlasse, non gli ascoltava. – Hoezeer hij ook praatte, hij luisterde toch niet naar hem.
Per quanto facesse male alla salute continuava a fumare. – Hoezeer het de gezondheid ook schaadde, hij bleef doorgaan met roken.

hoofdletter

Hoofletters worden gebruikt bij namen van feestdagen, voor- en achternamen, geschiedkundige namen, aardrijkskundige namen en religieuze namen. Let op: bij nationaliteiten schrijf je géén hoofdletters!

hoofdtelwoorden

Hoofdtelwoorden geven een exacte hoeveelheid weer. Samengestelde telwoorden worden aan elkaar geschreven, zoals jaartallen.
1999: millenovecentonovantanove.
Hele lange getallen worden ook wel verdeeld in grootheden. *Uno* in combinatie met een ander telwoord blijft onveranderlijk.
pagina uno – pagina één
In alle andere gevallen verandert *uno* zoals het onbepaald lidwoord.
una pagina – één pagina
Na *miliardo* en *milione* volgt het voorzetsel *di* als er een zelfstandig naamwoord volgt (dus niet als er weer een telwoord volgt).
Costa più di un miliardo di dollari. – Het kost meer dan 1 miljoen dollar.
un milione di baci – een miljoen kussen
un milionetrecentomila lire – een miljoen driehonderdduizend lire

–	zero						
–	uno	11	undici	21	ventuno	40	quaranta
–	due	12	dodici	22	ventidue	50	cinquanta
–	tre	13	tredici	23	ventitrè	60	sessanta
–	quattro	14	quattordici	24	ventiquattro	70	settanta
–	cinque	15	quindici	25	venticinque	80	ottanta
–	sei	16	sedici	26	ventisei	90	novanta
–	sette	17	diciassette	27	ventisette	100	cento
–	otto	18	diciotto	28	ventotto	101	centouno
–	nove	19	diciannove	29	ventinove	188	centottantotto
–	dieci	20	venti	30	trenta	200	duecento

1000	mille	31000	trentunmila
300	trecento	2000	duemila

houden van

'Houden van' (iemand of iets liefhebben) wordt vertaald met *amare*.
Luigi ama sua sorella. – Luigi houdt van zijn zus.
Paolo mi ama! – Paolo houdt van mij!
Eleonora ama suonare il pianoforte. – Eleonora speelt graag piano.
'Iemand graag mogen' wordt vertaald met *voler bene a (qualcuno)*:
Voglio bene a te. – Ik hou van jou.
Als je iets of iemand leuk, lief of mooi vindt, dan gebruik je *piacere*:
Mi piace tuo fratello. – Ik vind jouw broer leuk.
Ti piace il calcio? – Hou je van voetbal?

hulpwerkwoorden: *essere* of *avere*

Over het algemeen komt het gebruik van het hulpwerkwoord *avere* overeen met het gebruik van 'hebben' in het Nederlands.
Ho ballato. – Ik heb gedanst.
Het voltooid deelwoord blijft onveranderlijk.
Over het algemeen komt het gebruik van het hulpwerkwoord *essere* overeen met het gebruik van 'zijn' in het Nederlands.
Sono stato in ufficio tutto il giorno. – Ik ben de hele dag op kantoor geweest.
Het voltooid deelwoord past zich hier in getal en geslacht aan aan het onderwerp.
Bovendien wordt het hulpwerkwoord *essere* gebruikt bij wederkerende werkwoorden en in zinnen met een *si-indefinito*.
Mi sono lavate le mani. – Ik heb mijn handen gewassen.
Si è lavorato molto. – Men heeft hard gewerkt.

hypothetische bijzin met *se*

In deze zin wordt hetgeen in de bijzin staat als onwerkelijk of eventualiteit beschouwd, maar het kan ook als reeël worden beschouwd, of een mengeling ervan.
Hieronder enkele mogelijke overeenstemmingen van tijden tussen de hoofdzin en de bijzin.

omstandigheid (bijzin)	gevolg (hoofdzin)
1. se + indicativo presente	indicativo presente (reeël)
2. se + indicativo futuro	indicativo futuro (mogelijkheid)
3. se + congiuntivo imperfetto	condizionale presente (mogelijkheid)
4. se + congiuntivo imperfetto	condizionale presente (onwerkelijk)
5. se + indicativo imperfetto	indicativo imperfetto (onmogelijk)
6. se + congiuntivo trapassato	condizionale passato (onmogelijk)
7. se + indicativo presente	condizionale presente (mengeling)
8. se + congiuntivo imperfetto	indicativo presente (mengeling)

ad 1 Se vieni da me, ci andiamo insieme. – Als je naar mij toekomt, gaan we er samen heen.
ad 2 Se si verificherà un ulteriore ritardo nella consegna, saremo costretti ad annullare l'ordine. – Als zich een allerlaatste vertraging zal voordoen in de levering, zullen we gedwongen zijn de order te annuleren.
ad 3 Se mi avessi detto, non l' avrei fatto. – Als je het me had gezegd, had ik dat niet gedaan.

ad 4 Se vedessi meglio, comprerei una macchina. – Als ik beter zag, zou ik een auto kopen.
ad 5 Se chiedevo dei soldi ai miei, potevo pagare la fatture. – Als ik mijn ouders om geld vroeg, kon ik de rekening betalen.
ad 6 Se mi avessi avvertito, ti avrei aiutato subito. – Als je me had gewaarschuwd, zou ik je meteen geholpen hebben.
ad 7 Se ha cinque minuti di tempo, vorrei mostrarle una cosa. – Als u vijf minuutjes hebt, zou ik u iets kunnen laten zien.
ad 8 Se potesse venire, La prego di telefonarmi. – Als u zou kunnen komen, verzoek ik u mij te bellen.

I

i

De *i* is een (half)klinker. Voorafgegaan door een medeklinker en gevolgd door een klinker klinkt de i als een j. Er valt geen klemtoon op.
pianta – plant
fiore – bloem
i fiori – de bloemen

idiotismo

Idiotismo geeft aan dat een woord van origine dialect is en in het Italiaans is opgenomen als zijnde correct Italiaans, door de autoriteit van een bepaalde schrijver die dat woord heeft gebruikt.
La Befania voor *l'Epifania*
anguria voor *cocomero*

ieri

Het bijwoord *ieri* betekent 'gisteren'.

il

Il betekent 'de' of 'het'; het is het bepaald lidwoord mannelijk enkelvoud.
il tempo – de tijd/het weer

imperativo

De *imperativo* is de 'gebiedende wijs'. De derde persoon enkelvoud en meervoud zijn gelijk aan de derde persoon enkelvoud en meervoud in de *congiuntivo presente*. De overige zijn gelijk aan de *indicativo presente*.
Alleen de eerste groep (op *-are*) kent een eigen vorm in de tweede persoon enkelvoud namelijk stam + *a*.
parl + a = parla
Een ontkennende gebiedende wijs volgt de normale regels van de ontkenning behalve in de tweede persoon enkelvoud (in alle drie de groepen) In plaats van de vervoeging neemt men hier *non* + *infinito*.
Non parlare! – Praat niet!

De functie van de gebiedende wijs verandert naar gelang het werkwoord dat wordt gebruikt, de intonatie en de aanwezigheid van bepaalde linguïstische elementen die de betekenis kunnen versterken of verzachten.
Teniamo conto anche della sua opinione. – Laten we ook rekening houden met zijn mening.
(De gebiedende wijs is hier een raad.)
Si entra pure! – Komt u binnen!
(De gebiedende wijs is hier een uitnodiging.)
Vieni! – Kom hier!
(De gebiedende wijs is hier een bevel.)
Ti prego, siate puntuali! – Alstublieft, wees op tijd!
(De gebiedende wijs is hier een bevel, dat extra wordt geaccentueerd.)
Gebiedende-wijsvormen als *senti*, *senta*, *guardi*, *scusa* etc. worden nu meer gebruikt om een gesprek te beginnen, dan dat ze echt functie hebben als gebiedende wijs.
Wanneer de gebiedende wijs in de tweede persoon enkelvoud en eerste en tweede meervoud samengaan met een persoonlijk voornaamwoord, dan komt dit aan elkaar vast te staan. Wanneer het werkwoord uit een lettergreep bestaat, verdubbelt de beginmedeklinker van het voornaamwoord zich. Bij de tweede persoon enkelvoud in de ontkennende gebiedende wijs kan het voornaamwoord er zowel voor als achter staan.
Raccontami del viaggio. – Vertel me over je reis.
Pensaci un po'. – Denk er eens over na.
Dimmi tutto! – Zeg me alles!
Non lasciarmi! Non mi lasciare! – Verlaat me niet!

Regelmatige vormen:

parlare	credere	sentire	definire
–	–	–	–
parla	credi	senti	definisci
non parlare	*non credere*	*non sentire*	*non definire*
parli	creda	senta	definisca
parliamo	crediamo	sentiamo	definiamo
parlate	credete	sentite	definite
parlino	credano	sentano	definiscano

Onregelmatige vormen:

essere	avere	andare	dare	fare	stare	dire
–	–	–	–	–	–	–

sii	abbi	va'/vai	da'/dai	fa'/fai	sta'/stai	di'
sia	abbia	vada	dia	faccia	stia	dica
siamo	abbiamo	andiamo	diamo	facciamo	stiamo	diciamo
siate	abbiate	andate	date	fate	state	dite
siano	abbiano	vadano	diano	facciano	stiano	dicano

Voor de overige onregelmatige werkwoorden zie 'rimanere', 'sapere', 'tenere', 'venire' en 'uscire'.

imperfetto

De *imperfetto* is de onvoltooid verleden tijd. Op *essere* na zijn alle werkwoorden in de *imperfetto* regelmatig:

-are	-ere	-ire	essere
io parlavo	credevo	sentivo	ero
tu parlavi	credevi	sentivi	eri
lui parlava	credeva	sentiva	era
noi parlavamo	credevamo	sentivamo	eravamo
voi parlavate	credevate	sentivate	eravate
loro parlavano	credevano	sentivano	eravano

De *imperfetto* beschrijft de omstandigheid waaronder een gebeurtenis plaatsvond (toestand): de achtergrond, de gevoelens, de feiten e.d. Het begin en einde zijn buiten beschouwing gelaten en daarom is het bij uitstek de tijd van de beschrijving, het sprookje. De gebeurtenis zelf wordt in de *passato prossimo* of *passato remoto* gezet. Of anders gezegd: de handeling die het langste duurt staat in de *imperfetto* en de kortste handeling in de *passato prossimo* of *passato remoto*.
Zie ook 'passato prossimo' en 'passato remoto'.
Erano già le due e faceva molto freddo quando è arrivato il nonno.
Het was al twee uur en het was koud toen opa kwam.
Ho frequentato la scuola quando aveva ancora sede in via Cavour.
Ik heb op de school gezeten toen deze nog in de Cavourstraat zat.

De *imperfetto* wordt ook gebruikt als het gaat om zaken die met regelmaat voorkomen (gewoonte) en/of niet lang duren:
Partiva sempre alle otto di sera. – Hij vertrok altijd om 8 uur 's avonds.
Negli anni quaranta non potevi comprare un computer. – In de jaren veertig kon je geen computer kopen.

imperfetto intenzionale

Deze vorm wordt gebruikt om wensen of voorstellen e.d. op een beleefde(re) en bescheiden manier te formuleren.
Volevo che tu mi ascoltassi. – Ik zou willen dat je naar me luisterde.

in

Het voorzetsel *in* wordt als volgt gebruikt:
'in', 'naar': voorzetsel van plaats en richting, wanneer het gaat om een streek, land of (groot) eiland:
Vado in Italia. Abbiamo una casa in Sicilia. – Ik ga naar Italië. We hebben een huis op Sicilië.
'in', 'op', 'met': voorzetsel dat een manier aanduidt, met name met betrekking tot vervoermiddelen:
Come vai al lavoro? In treno, in macchina o in bici? – Hoe ga je naar je werk? Met de trein, de auto of op de fiets?

in + bepaald lidwoord wordt *in* + *il* = *nel*, zie verder 'voorzetsel met bepaald lidwoord'.

Enkele vaste uitdrukkingen met *in* zijn:
in piazza – op/naar het plein
in palestra – in/op/naar de sportschool
in banca – op/bij/naar de bank
in chiesa – in/naar de kerk
in ufficio – in/naar het kantoor

indicativo presente

De *indicativo presente* is de 'onvoltooid tegenwoordige tijd'.
Zie 'regelmatige werkwoorden' en 'onregelmatige werkwoorden'.

indirecte rede

Je gebruikt de indirecte rede om mededelingen te doen. In de hoofdzin staat een werkwoord als 'zeggen', 'mededelen' e.d. Voor de juiste tijden zie 'tijden in samengestelde zinnen'. Het voegwoord dat je gebruikt is *che*. Als de hoofdzin en bijzin hetzelfde onderwerp hebben, kun je ook gebruik maken van de constructie *di* + *infinito*.
Luisa disse che aveva bevuto troppo ieri sera. – Luisa zei dat ze te veel had gedronken gisterenavond.
Je kan ook zeggen (zelfde betekenis):
Luisa disse di aver bevuto troppo ieri sera.

De indirecte rede om verzoeken weer te geven kan op drie verschillende manieren:

- *di + infinito*
  Il direttore gli disse di lavorare più forte. – De directeur zei hem dat hij harder moest werken.
- *che + dovere+ infinito*
  Il direttore gli disse che doveva lavorare più forte. – De directeur zei hem dat hij harder moest werken.
- *che + congiuntivo*
  Il direttore gli disse che lavorasse più forte. – De directeur zei hem dat hij harder moest werken.

infatti

Het voegwoord *infatti* betekent 'inderdaad'. Het staat na een interpunctie.
Eravamo in ritardo: infatti il treno era già partito. – We waren te laat: de trein was inderdaad al vertrokken.
Infatti kan ook als antwoord gebruikt worden in plaats van *proprio così*.
Come mai sei ancora qui? Hai perso il treno? – Infatti! – Hoe komt het dat je nog steeds hier bent? Heb je de trein gemist? – Inderdaad!

inferno

Inferno betekent 'hel' en is tevens het eerste boek van Dante's *Divina Commedia*.
Niet te verwarren met *inverno* ('winter').

infinitief

Zie 'infinito'.

infinitief in plaats van een bijzin met *che*

Indien het onderwerp in de hoofdzin en bijzin hetzelfde is gebruik je *di + infinitivo*.
Prometti di chiamarmi? – Beloof je me te bellen?
Maar: Prometti che mi chiama? – Beloof je me, dat hij me belt?

infinito

De *infinito* is de 'infinitief', ofwel het 'hele werkwoord'. Er zijn drie verschillende groepen met hun eigen vervoegingen: werkwoorden met de uitgangen *-are, -ere* of *-ire*.
De klemtoon valt altijd op de stam van het werkwoord, behalve bij enkele werkwoorden uit de tweede groep (op *-ere*) zoals *temere*

('vrezen') en *sapere* ('weten'), waar de klemtoon op de uitgang ligt.

Zinnen waarin een *infinito* voorkomt zijn:
Zonder voorzetsels:

- na onpersoonlijke uitdrukkingen als *è bello, è difficile, è facile, è impossibile*, etc.
  È difficile capire. – Het is moeilijk te begrijpen.
- na werkwoorden als *basta, bisogna, piace, preferire, desiderare*, etc.
  Bisogna chiedere aiuto. – Je moet hulp vragen.

Met voorzetsels:

- na werkwoorden of uitdrukkingen met voorzetsel *di* zoals *cercare, dimenticare, aver voglia, essere contento*.
  Ho voglia di andare in Spagna. – Ik heb zin om naar Spanje te gaan.
- na werkwoorden met het voorzetsel *a* zoals *andare, venire, imparare*.
  Impara a nuotare. – Hij leert zwemmen.
- constructies met het voorzetsel *da* + bestemming/doel
  Vorrei niente da mangiare. – Ik wil niks eten.
  Che c"e da fare? – Wat moet er gedaan worden?

l'Ingegnere

L'Ingegnere betekent 'de ingenieur' en is de bijnaam van Carlo De Benedetti, van het bedrijf Olivetti.

insieme

Het bijwoord *insieme* betekent 'samen' en wordt zowel met *a* als *con* gebruikt (hoewel volgens puristen *insieme con* de enige juiste keuze is).

insistere

Het werkwoord *insistere* betekent 'aandringen'. Het onregelmatig voltooid deelwoord is *insistito*, het hulpwerkwoord is *avere*.

intendere

Intendere betekent 'bedoelen'.
Zie ook 'prendere' voor de vervoeging.

iscrivere

Iscrivere betekent 'inschrijven'.
Zie ook 'scrivere' voor de vervoeging.

internettaal

navigare – surfen
in rete/on-line – online
il sito – site
chiocciola – apenstaartje/at (@)
cliccare – aanklikken
casella e-mail – e-mailbox

inverno

Inverno betekent 'winter'.

io

Zie 'persoonlijk voornaamwoord'.

-io

Een zelfstandig naamwoord of bijvoeglijk naamwoord dat eindigt op *-io* en dat de klemtoon heeft op de *i*, krijgt in het meervoud *ii*.
lo zio – gli zii

Indien de klemtoon niet ligt op de *i*, krijgt het meervoud slechts één *i*.
vario – vari

-ire

Zie 'regelmatige vervoeging op *-ire*'.

Italiaans alfabet

Zie 'alfabet'.

Italiaanse taal

De Italiaanse taal is een Romaanse taal en stamt af van het Latijn. Het is gebaseerd op het dialect *toscano-fiorentino* (het dialect van Florence). Vanaf 1300 is Florence een zeer belangrijke, machtige stad geweest en was de stad het cultureel middelpunt van Italië. Dante, Petrarca en Boccaccio, de drie grote Toscaanse schrijvers uit die tijd, schreven hun meesterwerken in dit dialect. Steeds weer, door de eeuwen heen, bij iedere discussie over een eenheidstaal voor Italië keerde men terug naar het *toscano-fiorentino*.

Zie ook 'dialecten'.

Italië

Door de eeuwen heen is Italië overheerst geweest door vreemde volken. Italië bestaat pas officieel sinds 1870. Het proces van eenwording wordt *il Risorgimento* genoemd. In 1946 heeft de Italiaanse bevolking zich middels een referendum uitgesproken voor een Republiek. Italië heeft ruim 57 miljoen inwoners.

J

j

De *j* wordt in het Italiaans *i lunga* genoemd. In het Italiaans komt de *j* niet voor en wordt vervangen door de halfklinker *i*. De *j* maakt dus geen deel uit van het Italiaanse alfabet. Alle woorden met een *j* zijn derhalve leenwoorden.
i jeans

jaargetijden

De Italiaanse jaargetijden zijn *la primavera* ('de lente'), *l'estate* ('de zomer'), *l'autunno* ('de herfst') en *l'inverno* ('de winter').

jaartallen

Jaartallen worden aan elkaar geschreven.
1999: millenovecentonovantanove

Zie ook 'hoofdtelwoorden'.

juist

Als bijwoord:
'inderdaad': *appunto, giusto, proprio così*
Credo che abbia sbagliato. – Appunto! – Ik geloof dat hij zich heeft vergist. – Juist!
'zonet', 'zoéven': *appena, poco fa*
Il treno è partito poco fa. – De trein is net weg.
'op het punt staan': *stare per + infinito*
Stiamo per uscire. – We willen net weggaan.
'juist bezig zijn met': *stare + gerundio*
Stiamo solo chiacchierando un po'. – We staan alleen maar wat te kletsen.
Als bijvoeglijk naamwoord:
'zoals het moet zijn': *giusto*
Bisogna mettere gli ingredienti giusti. – Je moet de juiste ingrediënten erin doen.
'nauwkeurig': *esatto, preciso*
Mi ha dato informazioni esatte. – Hij heeft me juiste inlichtingen verschaft.

K

k

De *k* komt niet voor in het Italiaanse alfabet. Alle woorden met een *k* in het Italiaans zijn dus leenwoorden. In het Italiaans wordt de *k* ook vaak vervangen door de *c* of *ch*.
killer, kidnapping, kàki
Maar ook: cachi

kindertaal

la ciccia – het vlees (letterlijk 'het spek')
la ninna nanna – het slaapliedje
la nanna – het slapen
la pappa – het eten
la bumba – het water
la pipì – het plasje
fare (la) pipì – plassen
la cacca – het poepje
fare (la) cacca – poepen

kledingstukken

Wanneer je in het Italiaans wilt aangeven van wie een kledingstuk is gebruik je nooit een bezittelijk voornaamwoord. De eigenaar wordt bekend verondersteld.
Ha bucato i jeans. – Ze is een gat in haar spijkerbroek gevallen.
Als de bezitter echter niet het onderwerp van de zin is, is het niet duidelijk van wie het kledingstuk is. In plaats van een bezittelijk voornaamwoord, gebruik je dan een persoonlijk voornaamwoord als meewerkend voorwerp.
Ti metto il cappello. – Ik zet jou je hoed op.

klemtoon

Bij de meeste woorden in het Italiaans valt de klemtoon op de een na laatste lettergreep.
Er zijn echter ook woorden waar de klemtoon op een andere lettergreep valt, zonder dat dit duidelijk wordt uit de schrijfwijze of grammaticaregels. Alleen als de klemtoon op de laatste lettergreep valt is dit te zien, want dan staat er een accent op: città, virtù.

kleuren

Wanneer kleuren worden gebruikt als bijvoeglijk naamwoord dan volgen zij de regels over getal en geslacht van bijvoeglijke naamwoorden. Wanneer je kleuren zelfstandig gebruikt zijn ze mannelijk.

Il blu mi piace. – Blauw vind ik mooi.

Kleuren als zelfstandig naamwoord die bijvoeglijk worden gebruikt, blijven onveranderlijk.

un vestito rosa/viola – een roze/paarse jurk
(rosa = roos, viola = viooltje)

Ook blijven onveranderlijk: *blu* ('blauw'), *lilla* ('lila', 'paars'), *marrone* ('bruin'), *arancione* ('oranje'), *beige* ('beige'), etc.

Kleuren als bijvoeglijk naamwoord die nader worden bepaald door een bijwoordelijk gebruikt bijvoeglijk of zelfstandig naamwoord blijven ook onveranderlijk.

un vestito verde scuro – een donkergroene jurk
vestiti verde oliva – olijfgroene jurken
I fiori sono giallo scuro e non giallo chiaro come ho chiesto! – De bloemen zijn donkergeel en niet lichtgeel, zoals ik had gevraagd.

koppelwerkwoord

Naast *essere* zijn er nog vele andere koppelwerkwoorden. Ook hier geldt dat er overeenstemming is in getal en geslacht tussen het onderwerp en gezegde.

diventare, divenire, farsi ('worden'), *tornare* ('weer worden'), *riuscire* ('erin slagen'), *rimanere* ('verblijven'), *restare* ('verblijven'), *stare* ('zijn'), *giungere* ('komen','zijn'), *costare* ('kosten','zijn'), *sembrare, parere* ('lijken'), *nascere* ('geboren worden'), *vivere* ('leven'), *crescere* ('groeien'), *morire* ('sterven'), *andare* ('gaan'), *passare* ('voorbij gaan'), *confessarsi* ('bekennen')

kunnen

Ergens toe in staat zijn: *potere, essere capace di*

Non mi sento bene, non posso ballare. – Ik voel me niet goed, ik kan niet dansen. (Ik ben te ziek.)

Geleerd hebben, weten, de kunst verstaan: *sapere*

Non so ballare. – Ik kan niet dansen. (Ik heb het nooit geleerd.)
Mi sa dire a che ora parte il treno per Pisa? – Kunt u mij zeggen hoe laat de trein naar Pisa gaat?

L

l', la, le, lo

Zie 'bepaald lidwoord'.
Onbeklemtoond persoonlijk voornaamwoord als lijdend voorwerp, zie 'persoonlijk voornaamwoord'.

la

Onbeklemtoond persoonlijk voornaamwoord als lijdend voorwerp, zie 'persoonlijk voornaamwoord'.

là

Là betekent 'daar' en is een bijwoord van plaats of richting, uitwisselbaar met *lì*.
Il negozio è là, alla fine di questa strada. – De winkel is daar, aan het eind van deze straat.

landennamen

Landennamen die op een *a* eindigen zijn over het algemeen vrouwelijk; de overige zijn mannelijk.
il Belgio, la Germania
Er staat altijd een lidwoord bij.

largo

Het bijvoeglijk naamwoord *largo* betekent 'breed' en staat vaak voor het zelfstandig naamwoord omdat het in feite niet iets opzienbarends nieuws vertelt over het zelfstandig naamwoord.
un largo spazio – een grote ruimte

laten

'Toelaten' wordt vertaald met *lasciare*:
Lo lascio andare. – Ik laat hem gaan.
'Opdracht geven' wordt vertaald met *fare*:
Faccio reparare la bici. – Ik laat mijn fiets maken.

laten halen (iemand)

'Iemand laten halen' wordt vertaald met *mandare a chiamare*:
Ho mandato a chiamare il dottore. – Ik heb de dokter laten roepen.

laten halen (iets)

'Iets laten halen' wordt vertaald met *mandare a prendere*:
Gli ho mandato a prendere del pane. – Ik heb hem brood laten halen.

latinismi

Latinismi wordt gebruikt als benaming voor woorden die afkomstig zijn uit het Latijn en zijn opgenomen in een andere taal. Eigenlijk gaat het dan om het gebruik van Latijnse woorden, of afleidingen ervan, terwijl het niet nodig is. Bijvoorbeeld *degustare* in plaats van *assaggiare* ('proeven').

latino

Latino betekent 'Latijn'. Het is de taal die werd gesproken door de oude Romeinen. Het gesproken Latijn veranderde in de loop der tijden op vele manieren en zo ontstonden nieuwe talen zoals het Italiaans, Frans en Spaans. Ook andere talen, zoals Germaanse talen, zijn beïnvloed door het Latijn. Nog altijd komen hier woorden in voor die oorspronkelijk uit het Latijn afkomstig zijn:
'school' (*schola*), 'plant' (*planta*), 'tafel' (*tabula*).

leeftijd

Om naar iemands leeftijd te vragen gebruik je het werkwoord *avere*. Ook in je antwoord gebruik je *avere* (dit in tegenstelling tot het Nederlands, waar we 'zijn' gebruiken). Je vraagt dus naar iemands leeftijd door te vragen hoeveel jaren iemand heeft:
Quanti anni hai? Ho 56 anni. – Hoe oud ben jij? Ik ben 56 jaar.
Om een relatieve leeftijd aan te duiden:
il fratello maggiore – de oudste/oudere broer
il fratello più grande – de oudste/oudere broer (die nog niet volwassen is)
il fratello più vecchio – de oudste broer (die reeds op leeftijd is)
la sorella minore – de jongste/jongere zus
la sorella più piccola – de jongste/jongere zus
la sorella più giovane – de jongste zus

Wanneer je iemand een compliment wilt maken over zijn/haar leeftijd zeg je:
Porta gli anni bene! – U ziet er goed uit! (letterlijk: "U draagt de jaren goed!")

leggere

Leggere betekent 'lezen'. Het voltooid deelwoord is *letto*, het hulpwerkwoord is *avere*.

ind. presente	*imperfetto*	*passato remoto*	*imperativo*
io leggo	leggevo	lessi	-
tu leggi	leggevi	leggesti	leggi
lui legge	leggeva	lesse	legga
noi leggiamo	leggevamo	leggemmo	leggiamo
voi leggete	leggevate	leggeste	leggete
loro leggono	leggevano	lessero	leggano

congiuntivo presente	*congiuntivo imperfetto*
io legga	leggessi
tu legga	leggessi
lui legga	leggesse
noi leggiamo	leggessimo
voi leggiate	leggeste
loro leggano	leggessero

futuro	*condizionale*
io leggerò	leggerei
tu leggerai	leggeresti
lui leggerà	leggerebbe
noi leggeremo	leggeremmo
voi leggerete	leggereste
loro leggeranno	leggerebbero

lei, Lei

Lei met een kleine letter betekent 'zij' (persoonlijk voornaamwoord vrouwelijk enkelvoud):
È lei la tua sorella? – Is zij jouw zus?
Lei met een hoofdletter betekent 'u' (persoonlijk voornaamwoord beleefdheidsvorm enkelvoud), zie ook 'persoonlijk voornaamwoord'.
Scusi, è Lei la mamma di Sandra? – Pardon, bent u de moeder van Sandra?

leren

'Iemand iets leren' wordt vertaald met *insegnare*.
Il professore insegna matematica alla scuola superiore. – De leraar geeft wiskunde op de middelbare school.
'Leren' in de betekenis 'kennis tot je nemen' wordt vertaald met *studiare* of *imparare*:

Studio inglese all'università. – Ik studeer Engels op de universiteit.

letto
Letto is het onregelmatig voltooid deelwoord van *leggere* ('lezen').

leuk vinden
Als je iets of iemand leuk, lief of lekker vindt, dan gebruik je *piacere*. *Piacere* wordt met name gebruikt in de derde persoon enkelvoud of meervoud. Het onderwerp in de Nederlandse zin wordt meewerkend voorwerp in de Italiaanse zin, en het lijdend voorwerp in de Nederlandse zin (dat wat leuk wordt gevonden) wordt onderwerp in de Italiaanse zin.
Voor de vervoeging zie 'piacere'.
Mi piace la cucina francese. – Ik hou van de Franse keuken.
Mi piace il cane. – Ik vind de hond leuk.
Gli spaghetti piacciono a lui. – Hij vindt spaghetti lekker.

li
Li betekent 'ze' of 'hen'. Voor het mannelijk meervoud persoonlijk voornaamwoord als lijdend voorwerp, zie 'persoonlijk voornaamwoord'.

lì
Lì betekent 'daar' en is een bijwoord van plaats of richting, uitwisselbaar met *là*.

lichaamsdelen
In het Italiaans is het niet gebruikelijk om bij een lichaamsdeel het bezittelijk voornaamwoord te zetten.
Si sentiva mancare il terreno sotto i piedi. – Hij voelde de grond onder zijn voeten wegzakken.
Wanneer de 'bezitter' van de lichaamsdelen niet het onderwerp is van de zin, wordt toch niet gekozen voor het bezittelijk voornaamwoord, maar lost men de verwarring op door het bezittelijk voornaamwoord te vervangen door een persoonlijk voornaamwoord als meewerkend voorwerp.
Ti fa male la gamba. – Jouw been doet pijn.
Dus niet: Fa male la tua gamba.

Enkele uitdrukkingen met lichaamsdelen zijn:
Andare coi piedi di piombo. – Met lood in je schoenen lopen.

Avere tutti ai propri piedi. – Iedereen ligt aan zijn voeten.
rompersi la testa – je hoofd bezeren
mettersi la mano in fuoco per qualcuno – je hand in het vuur steken voor iemand

lidwoord

Zie 'bepaald lidwoord' (*il, la, lo, l'*, *i, gli, le*).
Zie 'onbepaald lidwoord' (*un, uno, una, un, un*)
Zie 'delend lidwoord' (*del, dello, della, dell', dei, degli, delle*)
Zie 'bezittelijk voornaamwoord' en 'samentrekking met voorzetsel'.

liggen

Zie 'hangen'.

lijdende vorm

De lijdende vorm heet in het Italiaans *forma passiva*. Deze vorm wordt gebruikt als de handeling of gebeurtenis het belangrijkste is (en dus niet wie of wat het veroorzaakt heeft). Het hulpwerkwoord is *essere* of *venire* (om dubbelzinnigheden te voorkomen) + voltooid deelwoord. Het voltooid deelwoord volgt in getal en geslacht het onderwerp. Het werkwoord *venire* geeft meer dynamiek aan de zin.
La porta è chiusa. – De deur is gesloten. (toestand)
La porta viene chiusa. – De deur wordt gesloten. (handeling)

Het hulpwerkwoord is *andare* wanneer je wilt uitdrukken dat iets nodig is.
Va ricordato il fatto che le vacanze sono già fra due settimane. – Je moet onthouden dat de vakantie al over twee weken begint.

In de verleden tijd kun je een toestand goed weergeven met de *imperfetto*...
La porta era chiusa. – De deur was gesloten.
...en de handeling met de *passato remoto*:
La porta fu chiusa. – De deur werd gesloten.

Wanneer je wilt aangeven door wie het gebeurt, gebruik je het voorzetsel *da*.
Sono state scoperte banconote false dalla Guardia di Finanza. – Er zijn valse bankbiljetten ontdekt door de Guardia di Finanza.

lijdend voorwerp (plaats)

Het lijdend voorwerp staat voor het meewerkend voorwerp, behalve wanneer het lijdend voorwerp nader bepaald is of een betrekkelijke bijzin is, of wanneer beide persoonlijke voornaamwoorden zijn. In die gevallen staat het lijdend voorwerp na het meewerkend voorwerp.
Ho regalato un libro al vicino. – Ik heb de buurman een boek gegeven.
Ho regalato al vicino un libro sulla storia medievale. – Ik heb de buurman een boek over de Middeleeuwse geschiedenis gegeven.
Ho regalato al vicino un libro che tratta la storia medievale. – Ik heb de buurman een boek gegeven dat over de middeleeuwse geschiedenis gaat.
Gliel'ho regalato. – Ik heb het hem gegeven.
Let op de *e* die er tussen komt!

-logo

Zelfstandige naamwoorden op *-logo* zijn meestal afkomstig uit het Grieks. De klemtoon valt op de twee na laatste lettergreep, dus *'-logo.*
dialogo – (klemtoon op de *a*)
Meervoud wordt *-loghi*, behalve bij beoefenaars van wetenschappen, dan wordt het *-logi.*
dialogo – dialoghi
psicologo – psicologi

lontano

Lontano betekent 'ver'. Dit bijwoord blijft onveranderlijk.
Abito in una città lontano da qui. – Ik woon in een stad ver van hier.
Als bijvoeglijk naamwoord is het wel veranderlijk:
visitare paesi lontani – verre landen bezoeken

loro

Loro betekent 'hun' of 'zij'.
Zie ook 'bezittelijk voornaamwoord' en 'persoonlijk voornaamwoord'.

Loro

Zie 'persoonlijk voornaamwoord'.

luglio

Luglio betekent 'juli'.

lui
Lui betekent 'hij'.
Zie ook 'persoonlijk voornaamwoord'.

lunedì
Lunedì betekent 'maandag'.

lunedì di pasqua
Lunedì di pasqua betekent 'tweede paasdag'.

lungo
Lungo betekent 'lang'. Dit bijvoeglijk naamwoord staat vaak voor het zelfstandig naamwoord.

M

me, mi
'Mij': zie 'persoonlijk voornaamwoord als lijdend voorwerp' en 'persoonlijk voornaamwoord als meewerkend voorwerp'.

me lo, me la, etc.
Zie 'combinaties van persoonlijke voornaamwoorden'.

medeklinkers
Zie 'dubbele medeklinkers'.

meer
'Meer' wordt vertaald door *più*.

meer dan
'Meer dan' wordt in de vergrotende trap in de meeste gevallen vertaald door *più...di*.
Ho più anni di lui. – Ik ben ouder dan hij.
Soms gebruik je *più...che*:
- wanneer 'dan' tussen twee woorden van dezelfde grammaticale categorie staat, bijvoorbeeld bijwoord, bijvoeglijk naamwoord, zelfstandig naamwoord.
- wanneer een voorzetsel volgt.
  È più bello che intelligente. – Hij is knapper dan dat hij slim is.
  Qui fa più bello che a Firenze. – Het is hier warmer dan in Florence.

meervoud (zelfstandig en bijvoeglijk naamwoord)
De meeste zelfstandige en bijvoeglijke naamwoorden in het Italiaans eindigen op *-o*, *-a* of *-e*.
In het meervoud veranderen deze als volgt:
-o wordt *-i*: il capo – i capi ('het hoofd')
-e wordt *-i*: la stazione – le stazioni ('het station')
-a wordt *-e*: la donna – le donne ('de vrouw')
Zelfstandige naamwoorden die eindigen op een medeklinker, op een andere klinker (*-u*), of die de klemtoon hebben op de laatste lettergreep blijven in het meervoud onveranderlijk. Ook de vrouwelijke woorden die eindigen op *-o* blijven onveranderlijk.

il film – i film
la virtù – le virtù
la città – le città
la foto – le foto

Zie voor bijzondere gevallen ook '-logo', '-ca/-ga', '-cia/-gia', '-co/-go' en '-io'.

men
Zie 'si indefinito' en 'si passivante'.
Andere mogelijkheden zijn:
- *uno*
  Se uno vuole, può far tutto. – Als men wil, kan men alles.
- derde persoon meervoud
  Non capiscono niente. – Men begrijpt er niets van.
- tweede persoon enkelvoud
  Nel tram non trovi mai posto. – In de tram vind je nooit plaats.

meno ... che
Zie 'minder dan'.

meno ... di
Zie 'minder dan'.

mentre
Het voegwoord *mentre* betekent 'terwijl'.
Het wordt in de volgende gevallen gebruikt:
- tijd
  Mentre ci sei, posso chiederti un favore? – Terwijl je er bent, kan ik je een gunst vragen?
- tegenstelling
  È andato via mentre avrebbe fatto meglio a rimanere un po'.
  Hij is weggegaan terwijl hij beter nog even had kunnen blijven.

mercoledì
Mercoledì betekent 'woensdag'.

mercoledì delle ceneri
Mercoledì delle ceneri betekent 'Aswoensdag'.

meren
In het Italiaans zijn de meren mannelijk; er wordt *il lago* ('het meer')

bij gedacht.
il Garda, il Trasimeno

messo
Messo is het onregelmatig voltooid deelwoord van *mettere*, het hulpwerkwoord dat erbij hoort is *avere*.

metà
La metà betekent 'de helft'.
Facciamo a metà. – Laten we ieder de helft doen.

mettere
Mettere betekent 'zetten'. Het hulpwerkwoord is *avere*, het voltooid deelwoord is *messo*.

ind. presente	*imperfetto*	*passato remoto*	*imperativo*
io metto	mettevo	misi	–
tu metti	mettevi	mettesti	metti
lui mette	metteva	mise	metta
noi mettiamo	mettevamo	mettemmo	mettiamo
voi mettete	mettevate	metteste	mettete
loro mettono	mettevano	misero	mettano

congiuntivo presente	*congiuntivo imperfetto*
io metta	mettessi
tu metta	mettessi
lui metta	mettesse
noi mettiamo	mettessimo
voi mettiate	metteste
loro mettano	mettessero

futuro	*condizionale*
io metterò	metterei
tu metterai	metteresti
lui metterà	metterebbe
noi metteremo	metteremmo
voi metterete	mettereste
loro metteranno	metterebbero

Uitdrukkingen met *mettere* zijn:
mettere i puntini sulle i – de puntjes op de i zetten
mettere una mano sul fuoco – ergens je hand voor in het vuur steken

mettere il carro inanzi ai buoi – de kar voor de ossen zetten, iets doen voordat het logischerwijs het tijdstip ervoor is
Tra moglie e marito non mettere il dito. – Je niet met ruzie tussen man en vrouw bemoeien. (Letterlijk: niet je vinger steken tussen man en vrouw)

mezzo/mezza

Mezzo en *mezza* betekenen allebei 'half'. Als het voor het zelfstandig naamwoord staat is het veranderlijk en heeft het geen bepaald lidwoord bij zich.
mezza bottiglia – een halve fles
Als *mezzo* achter het zelfstandig naamwoord staat is het onveranderlijk.
una bottiglia e mezzo – anderhalve fles

mezzanotte

Mezzanotte betekent '12 uur 's nachts'.

Mezzogiorno

Il Mezzogiorno kan verschillende betekenissen hebben, namelijk 'Zuid-Italië', 'het Zuiden' en '12 uur 's middags'.

mica, non ... mica

Mica en *non...mica* betekenen 'helemaal niet'. Het wordt gebruikt om een (on)uitgesproken mening tegen te spreken.
Non l'ho mica detto! – Dat heb ik helemaal niet gezegd! (ook al denk je dat)
Het wordt ook gebruikt in een ontkennende vraagzin (een vraag waarvan je zelf al denkt dat het antwoord ontkennend zal zijn):
Non te l'hai mica sognato? – Je hebt het toch niet gedroomd?
Non ha mica visto il professore? – U hebt zeker niet de professor gezien?

mica male

Mica male betekent 'helemaal niet slecht'.
Mica male, questa canzone! – Helemaal niet slecht dit liedje!

mi, me

Zie 'me, mi'.

migliaio, migliaia

Il migliaio en *le migliaia* betekenen 'het duizendtal' of 'duizenden'. Het zijn collectieve telwoorden met een onregelmatig meervoud.

Zie ook 'centinaio'.

minder

'Minder' wordt in het Italiaans vertaald door *meno*.

minder dan

'Minder dan' wordt vertaald door *meno...che*.
Zie ook 'meer dan'.

mio, mia

Zie 'bezittelijk voornaamwoord'.

mits

'Mits' kan vertaald worden door *purché, basta che, a condizione che* of *a patto che* en wordt gevolgd door een *congiuntivo*.
Potete prestare la mia macchina, basta che la ritorniate bene! – Jullie mogen mijn auto lenen, mits jullie hem weer goed terugbrengen.
Ti aspetterò purché tu faccia presto. – Ik zal op je wachten, mits je opschiet!

modale hulpwerkwoorden

Modale hulpwerkwoorden zijn *potere* ('kunnen', 'mogen'), *dovere* ('moeten'), *volere* ('willen') en *sapere* ('weten', 'kunnen'). Ze worden gevold door een *infinito*.
Posso fumare una sigaretta? – Kan ik een sigaret roken?
In voltooide tijden kiest men uit de hulpwerkwoorden *avere* of *essere*.
Avere wordt gebruikt indien het hoofdwerkwoord ook *avere* als hulpwerkwoord heeft:
Non ho potuto fare niente. – Ik heb niks kunnen doen.
Essere wordt gebruikt indien het hoofdwerkwoord *essere* als hulpwerkwoord heeft:
Siamo potuti venire insieme. – We konden samen komen.

modaliteit

Bijwoorden van modaliteit geven een subjectieve waarde aan de inhoud van de zin. Ze kunnen bevestigend, ontkennend en twijfelend zijn:

certo, no, sì, forse
Ze zijn meestal een antwoord op een vraag.

moeten

'Moeten' kan op vele manieren worden vertaald:
- *dovere*
  Devo andare subito a casa. – Ik moet meteen naar huis gaan.
- *esserci da + infinito*
  C'è ancora molto da fare. – Er is nog veel te doen.
- *avere da +infinito*
  Ho molto da pensare. – Ik moet aan veel dingen denken.

'Men moet' kan worden vertaald door *bisogna +infinito, occorre, è necessario*:
Bisogna stare all'ombra. – Je moet in de schaduw blijven.

moeten worden (lijdende vorm)

'Moeten worden' in de lijdende vorm wordt vertaald door *andare +* voltooid deelwoord (alleen in enkelvoudige tijden).
I vetri vanno lavati. – De ramen moeten gewassen worden.
- *dovere +* lijdende vorm
  I vetri devono essere lavati.
- *essere + da+ infinito*
  I vetri sono da lavare.

molto

Molto is een onveranderlijk bijwoord van graad of hoeveelheid en betekent 'veel'.
Ho lavorato molto. – Ik heb hard gewerkt.
Als bijvoeglijk naamwoord is het wel veranderlijk.
molti colori – vele kleuren
molta gente – veel mensen

morgen

'Morgen' wordt vertaald met *domani.*

morire

Morire betekent 'sterven'. Het onregelmatig voltooid deelwoord is *morto,* het hulpwerkwoord is *essere.* In de *indicativo presente* heeft *morire* een *dittongo mobile* en gaat uit op *-io-* in de eerste persoon enkelvoud en de derde meervoud.

ind. presente	*imperfetto*	*passato remoto*	*imperativo*
io muoio	morivo	morii	–
tu muori	morivi	moristi	muori
lui muore	moriva	morì	muoia
noi moriamo	morivamo	morimmo	moriamo
voi morite	morivate	moriste	morite
loro muoiono	morivano	morirono	muoiano

congiuntivo presente	*congiuntivo imperfetto*
io muoia	morissi
tu muoia	morissi
lui muoia	morisse
noi moriamo	morissimo
voi moriate	moriste
loro muoiano	morissero

futuro	*condizionale*
io morirò	morirei
tu morirai	moriresti
lui morirà	morirebbe
noi moriremo	moriremmo
voi morirete	morireste
loro moriranno	morirebbero

Uitdrukkingen met *morire* zijn:
A pagare e morir c'è sempre tempo. – Voor iets onaangenaams is altijd tijd. ('Betalen en doodgaan.')
Chi nasce è bello, chi si sposa è buono e chi muore è un santo. Letterlijk: 'Wie geboren wordt is knap, wie trouwt is een goed mens en wie sterft is een heilige.')
Het geeft ironisch de gebruikelijke complimentjes weer, die men geeft aan baby's, bruidsparen en doden.

muovere

Muovere betekent 'bewegen'. Het onregelmatig voltooid deelwoord is *mosso*. In de *imperfetto* zie je zowel de vorm met de *dittongo* als de vorm zonder.

ind. presente	*imperfetto*	*passato remoto*	*imperativo*
io muovo	movevo/ muovevo	mossi	–
tu muovi	movevi/ muovevi	movesti	muovi
lui muove	moveva/ muoveva	mosse	muova
noi moviamo	movevamo/ muovevamo	movemmo	moviamo
voi movete	movevate/ muovevate	moveste	movete
loro muovono	movevano/ muovevano	mossero	muovano

congiuntivo presente	*congiuntivo imperfetto*
io muoia	morissi
tu muoia	morissi
lui muoia	morisse
noi moriamo	morissimo
voi moriate	moriste
loro muoiano	morissero

futuro	*condizionale*
io muoverò	muoverei
tu muoverai	muoveresti
lui muoverà	muoverebbe
noi muoveremo	muoveremmo
voi muoverete	muovereste
loro muoveranno	muoverebbero

N

nadruk op een zinsdeel

In een bevestigende zin heeft het onderwerp nadruk als het achter het werkwoord staat. Alle andere bepalingen kun je vooraan in de zin zetten als het nadruk verdient.
Mi dispiace, il gatto non l'ho visto. – Sorry, ik heb de poes niet gezien.

nascere

Nascere betekent 'geboren worden'. Het hulpwerkwoord is *essere*, het voltooid deelwoord is *nato*.

ind. presente	*imperfetto*	*passato remoto*	*imperativo*
io nasco	nascevo	nacqui	-
tu nasci	nascevi	nascesti	nasci
lui nasce	nasceva	nacque	nasca
noi nasciamo	nascevamo	nascemmo	nasciamo
voi nascete	nascevate	nasceste	nascete
loro nascono	nascevano	nacquero	nascano

congiuntivo presente	*congiuntivo imperfetto*
io nasca	nascessi
tu nasca	nascessi
lui nasca	nascesse
noi nasciamo	nascessimo
voi nasciate	nasceste
loro nascano	nascessero

futuro	*condizionale*
io nascerò	nascerei
tu nascerai	nasceresti
lui nascerà	nascerebbe
noi nasceremo	nasceremmo
voi nascerete	nascereste
loro nasceranno	nascerebbero

nascondere

Nascondere betekent 'verbergen'. Het hulpwerkwoord is *avere*, het voltooid deelwoord is *nascosto*. Voor de vervoeging zie 'rispondere'.

nato

Nato is het onregelmatig voltooid deelwoord van *nascere* ('geboren worden'). Het hulpwerkwoord is *essere*.

nascosto

Nascosto is het onregelmatig voltooid deelwoord van *nascondere* ('verstoppen', 'verbergen'), het hulpwerkwoord is *essere*.

ne, ci

Zie 'er, ervan, erin'.

né ... né

Né...né betekent 'geen ... en geen ...' (of 'noch ... noch ...'). Het is een voegwoord en komt vaak voor in combinatie met *non*.

Non ho né mele né arance. – Ik heb geen appels en geen sinaasappels.

neanche, nemmeno, neppure

De bijwoorden *neanche, nemmeno* en *neppure* betekenen 'ook niet' en 'zelfs niet'.

Neanch' io. – Ik ook niet.

Neanche un bambino si comporta così. – Zelfs een kind gedraagt zich niet zo.

Non mi hai nemmeno telefonato. – Je hebt me zelfs niet gebeld.

nel, nella

Zie 'voorzetsels verbonden met bepaald lidwoord'.

neologismo

Met *neologismo* wordt ieder nieuw gevormd woord bedoeld, of een nieuwe betekenis voor een bestaand woord.

tangentopoli: het hele schandaal van de omkooppraktijken in het bedrijfsleven en openbaar bestuur, deze term werd voor het eerst door journalisten gebruikt.

telecrazia: het vermogen van de televisie om de publieke opinie te beïnvloeden.

nessuno

Het zelfstandig naamwoord *nessuno* betekent 'niemand'. In een

ontkennende zin wordt het in combinatie met *non* gebruikt.
Non ho visto nessuno. – Ik heb niemand gezien.
Wanneer *nessuno* voor het werkwoord staat, of zonder werkwoord voorkomt, vervalt *non.*
a nessun'altro – aan niemand anders
'Iemand' als zelfstandig naamwoord wordt in een ontkennende zin vertaald met *mai* of *senza.*
senza chiedere a nessuno – zonder iemand te vragen
Non vedo mai nessuno. – Ik zie nooit iemand.
Zie ook 'dubbele ontkenningen'.
'Enige' als bijvoeglijk naamwoord:
senza nessuna ragione – zonder enige reden

niente

Niente betekent 'niets'.
Non ha visto niente. – Hij heeft niets gezien.
In ontkennende zinnen met *mai* of *senza* betekent het 'iets'.
Non dice mai niente. – Hij zegt nooit iets.

niets anders

'Niets anders' wordt vertaald door *nient' altro, non...altro.*
Non fa altro che lamentarsi. – Hij doet niks dan klagen.

no

'Nee' wordt vertaald door *no.* Het is een bijwoord van ontkenning.

noch

Zie 'né ... né'.

nodig hebben

'Nodig hebben' wordt vertaald door *aver bisogno di, occorrere* of *volerci.*
Ho bisogno d'aiuto. – Ik heb hulp nodig.
Occorre un medico. – Er is een dokter nodig. (Er moet een dokter komen.)
Ci vuole un po'di sale. – Je hebt zout nodig.

nodig zijn

'Nodig zijn' wordt vertaald met *volerci, bisogna* of *occorrere.*
Zie ook 'nodig hebben'.

nog
'Nog' wordt vertaald door *ancora*.
Zie ook 'altri due'.

nog altijd
'Nog altijd' wordt vertaald door *ancora* of *sempre*.
Abito ancora dai miei. – Ik woon nog altijd bij mijn ouders.

nog eens
'Nog eens' wordt vertaald door *un' altra volta* of *ancora (una volta)*.
Te lo dico un' altra volta. – Ik zeg het je nog één keer.

nog iets
'Nog iets' wordt vertaald door *altro*.
Le occorre altro? – Hebt u nog iets nodig?

nog niet
'Nog niet' wordt vertaald door *non...ancora*.
Il treno non è ancora arrivato. – De trein is nog niet gearriveerd.

noi
Zie 'persoonlijk voornaamwoord'.

non
Non betekent 'niet' of 'geen'. Het is een bijwoord van ontkenning en staat bij een werkwoord voor de vervoeging.
Non ho visto partire la signora con il cagnolino. – Ik heb de mevrouw met het hondje niet zien vertrekken.
Non parlo tedesco, parlo svedese. – Ik spreek geen Duits, ik spreek Zweeds.

non...del tutto/non...completamente
Non...del tutto en *non...completamente* betekenen 'niet helemaal'.
Non l'ho sentito completamente. – Ik heb het niet helemaal gehoord.
Non mi hanno raccontato del tutto quella soria affascinante. – Ze hebben me dat interessante verhaal niet helemaal verteld.

non ... mai
Non...mai betekent 'nooit'.
Non va mai in piscina. – Hij gaat nooit naar het zwembad.

non ... nulla

Non ... nulla betekent 'niets'.
Lei non capisce nulla. – Zij begrijpt niets.

non ... mica/non ... affatto/non ... per niente/non ... per nulla

Non...mica, non...affatto, non...per niente en *non...per nulla* betekenen 'helemaal niet'.
Non l'ho mica sentito. – Ik heb het helemaal niet gehoord.

non ... più

Non...più betekent 'niet meer'.
Non capisco più un'acca. – Ik snap er niks meer van.

non solo ... ma anche

Non solo...ma anche betekent 'niet alleen...maar ook'.
Non ha vinto solo una bicicletta, ma anche mille fiorini. – Hij heeft niet alleen een fiets gewonnen, maar ook duizend gulden.

nooit, ooit

'Nooit' en 'ooit' worden bij werkwoorden vertaald door *non...mai.*
Non l'ho mai visto. – Ik heb hem nooit gezien.
Mai in vraagzinnen betekent 'ooit'.
L'Hai mai visto? – Heb je hem ooit gezien?

nord

Nord betekent 'noord'.

nostro, nostra

Zie 'bezittelijk voornaamwoord'.

novembre

Novembre betekent 'november'.

numerali

Zie 'telwoorden'.

nuotare

Nuotare betekent 'zwemmen'. Het hulpwerkwoord is *avere*, het voltooid deelwoord is *nuotato*. Bij de vervoeging behoudt *nuotare* altijd in alle vormen de *-uo-*, om verwarring met het werkwoord *notare* ('noteren') te voorkomen.

O

o
O betekent ofwel de klinker *o*, ofwel het voegwoord *o*, dat 'of' betekent.

o ... o
O...o betekent 'of...of'.

odiare
Odiare betekent 'haten'. Zie ook 'werkwoorden op -iare'. Hier wordt de *i* voor de *i* behouden (tweede persoon enkelvoud) om verwarring te voorkomen met het onregelmatige *udire* ('horen').

offendere
Offendere betekent 'beledigen'. Zie 'prendere' voor de vervoeging.

offerta
Een *offerta* is een 'aanbieding'.

offerto
Offerto is het onregelmatig voltooid deelwoord van *offrire* ('aanbieden'). Het hulpwerkwoord is *avere*.

offrire
Offrire betekent 'aanbieden'. Het hulpwerkwoord is *avere*, het voltooid deelwoord is *offerto*.

ind. presente	*imperfetto*	*passato remoto*	*imperativo*
io offro	offrivo	offersi/ offrii	–
tu offri	offrivi	offristi	offri
lui offre	offriva	offerse/ offrì	offra
noi offriamo	offrivamo	offrimmo	offriamo
voi offrite	offrivate	offriste	offrite
loro offrono	offrivano	offersero/ offrirono	offrano

congiuntivo presente	*congiuntivo imperfetto*
io offra	offrissi
tu offra	offrissi
lui offra	offrisse
noi offriamo	offrissimo
voi offriate	offriste
loro offrano	offrissero

futuro	*condizionale*
io offrirò	offrirei
tu offrirai	offriresti
lui offrirà	offrirebbe
noi offriremo	offriremmo
voi offririte	offrireste
loro offriranno	offrirebbero

oggi

Het bijwoord *oggi* betekent 'vandaag'.

ogni

Het onbepaald voornaamwoord *ogni* betekent 'iedere' of 'elke'. Het is onveranderlijk en staat in het enkelvoud.
ogni giorno – iedere dag

ognuno

Het onbepaald voornaamwoord *ognuno* betekent 'iedereen' en wordt zelfstandig gebruikt in het enkelvoud. De nadruk ligt niet op iedereen afzonderlijk.
Ognuno è contento. – Iedereen is gelukkig.

oltre

Oltre betekent 'over'.
oltre la frontiera – over de grens

oltre a

Oltre a betekent 'behalve'.
Oltre a noi c'erano anche i miei. – Behalve wij waren ook mijn ouders er.

oltre che

Oltre che betekent 'behalve' wanneer er een tweede voorzetsel volgt.
Oltre che per lui, lo faccio anche per te! – Behalve voor hem doe ik het ook voor jou!

omdat
Aan het begin van een zin wordt 'omdat' vertaald met *poiché*.
Poiché sono malato, non posso venire. – Omdat ik ziek ben, kan ik niet komen.
Non posso venire, perché sono malato. – Omdat ik ziek ben, kan ik niet komen.

onbeklemtoond persoonlijk voornaamwoord
Zie 'persoonlijk voornaamwoord'.

onbepaald aantal
Zie 'delend lidwoord'.

onbepaalde wijs
Zie 'infinitief'.

onbepaald lidwoord
Het onbepaald lidwoord 'een' wordt als volgt vertaald:
Mannelijk:
un voor een medeklinker of klinker: un ragazzo, un uomo
uno voor een onzuivere *s*-klank: uno spazio
Vrouwelijk:
una voor een medeklinker: una ragazza
un' voor een klinker: un' acqua minerale
In het meervoud gebruik je het delend lidwoord:
dei panini – broodjes

onbepaald voornaamwoord
Alleen zelfstandig worden gebruikt:
uno, -a: 'iemand'
Uno ha lasciato aperto la porta. – Iemand heeft de deur open gelaten.
qualcuno, -a: 'iemand' (alleen in enkelvoud, maar kan meervoudsbetekenis hebben)
Qualcuno di voi mi ha chiamato. – Iemand van jullie heeft mij gebeld.
certuni, -e: 'sommigen'
Certuni non hanno mangiato bene. – Sommigen hebben niet goed gegeten.
ognuno, -a: 'iedereen' (in het algemeen)
Ognuno sa che l'Italia è una reppublica. – Iedereen weet dat Italië een republiek is.
chiunque: 'wie dan ook' (onveranderlijk, maar de vrouwelijke be-

tekenis komt tot uiting in bijvoorbeeld een bijvoeglijk naamwoord)
Chiunque è capace, lo farà. – Wie het kan, zal het doen.
qualcosa: 'iets' (onveranderlijk, een eventueel voltooid deelwoord staat in de mannelijke vorm)
C'è qualcosa da fare? – Is er iets te doen?
niente, nulla: 'niets' (onveranderlijk, een eventueel voltooid deelwoord staat in de mannelijke vorm)
È successo niente! – Er is niets gebeurd!

onbepaald bijvoeglijk voornaamwoord

Alleen bijvoeglijk en onveranderlijk:
qualche: 'enige' (alleen in enkelvoud, ook al heeft het een betekenis in meervoud)
Qualche volta mangio la pizza. – Ik eet soms pizza.
ogni: 'ieder' (alleen in enkelvoud)
Ogni volta mi diverto di nuovo. – Ik vermaak me steeds opnieuw.
qualunque: 'een of ander', 'elk' (kan voor of achter het zelfstandig naamwoord staan)
Legge qualunque libro. – Hij leest elk boek.
qualsiasi: 'een of ander'
Qualsiasi cosa dice, non è vero. – Wat hij ook zegt, het is niet waar.

onbepaald voornaamwoord dat zowel zelfstandig als bijvoeglijk is

alcuno, -a, -i, -e: 'enige(n)' (wordt met name in de meervoudsvorm gebruikt)
Alcuni di loro sono stranieri. – Enkelen van hen zijn buitenlands.
Alcune ragazze hanno capelli lunghi. – Sommige meisjes hebben lang haar.
ciascuno, -a: '(een) ieder' (ieder afzonderlijk)
Ciascuno deve fare il biglietto. – Ieder moet zelf een kaartje kopen.
nessuno, -a: 'niemand', 'geen' (komt alleen in enkelvoud voor)
Nessuno si è divertito. – Niemand heeft het leuk gehad.
Indien je 'geen' wilt vertalen in het meervoud, bijvoorbeeld in de zin 'Ik heb geen boeken', dan vertaal je dat met *non*.
Non ho libri.
altro, -a, -i, -e: '(een)ander', maar ook 'iets anders', in dat geval is *altro* onveranderlijk.
Le serve altro? – Hebt u nog iets anders nodig?
Alcuni hanno preso una bibita, altri una birra. – Sommigen namen fris, anderen een biertje.

poco, -a, -chi, -che: 'weinig'
Pochi sanno la verità. – Weinig mensen kennen de waarheid.
C"e poco tempo. – Er is weinig tijd.
alquanto, -a, i, *-e*: 'enig', 'iets'
Avevo mangiato alquanto. – Ik had iets gegeten.
parecchio, -a, -i, -e: 'enige', 'vrij veel'
Parecchie sono già arrivate. – Er zijn al heel wat (mensen) gearriveerd.
Siamo in parecchi. – We zijn met vrij veel.
Parecchi amici sono stati invitati. – Vrij veel vrienden zijn uitgenodigd.
molto, -a, -i, -e: 'veel'
Non ho molto tempo. – Ik heb niet veel tijd.
Siamo in molte (persone). – We zijn met velen.
troppo, -a, -i, -e: 'te veel'
Il Deputato ha fatto troppi errori! – De gedeputeerde heeft te veel fouten gemaakt.
Troppi vanno al mare con questo caldo! – Met deze hitte gaan te veel mensen naar zee!
tanto, -a, -i, -e: 'veel'
Tanti erano tristi a sentire la brutta notizia. – Velen waren bedroefd toen ze het slechte nieuws hoorden.
Ci vuole tanta pazienza. – Er is veel geduld voor nodig.
altrettanto, -a, -i, -e: 'evenveel'
Ci vuole un etto di zucchero e altrattanta farina. – Je hebt een ons suiker nodig en evenveel bloem.
più: 'meer'
Oggi fa più freddo di ieri. – Het is vandaag kouder dan gisteren.
meno: 'minder'
Lui ha meno anni di me. – Hij is jonger dan ik.
tutto, -a, -i, -e: 'alles', 'alle(n)' (in combinatie met het lidwoord staat het voor het lidwoord) tutta la città – de hele stad

onder andere

'Onder andere' wordt vertaald door *fra l'altro* of *tra l'altro*.

onderwerp

In een bevestigende en vragende zin staat gewoonlijk het onderwerp voor het werkwoord. In een vragende zin, die begint met een vraagwoord of bijwoord, staat eerst het werkwoord en dan het onderwerp. Om het onderwerp te benadrukken kun je het achter het werkwoord zetten (in een bevestigende zin). Als het onderwerp een persoonlijk voornaamwoord is dan wordt dit gewoonlijk weg-

gelaten, maar als er nadruk op ligt dan wordt het wel vermeld.
Sono molto contento. – Ik ben erg tevreden.
Il paese è piccolo. – Het dorp is klein.
È piccolo il paese. – Het dorp is klein.
Il paese è piccolo? – Is het dorp klein?

onlangs

'Onlangs' wordt vertaald door *l'altro giorno*.

l'Onomastico

L'Onomastico is een naamdag. Naast je verjaardag vier je in Italië ook de dag van de heilige naar wie je vernoemd bent.

onregelmatig meervoud

Zie voor de regelmatige meervoudvorming bij 'meervoud'.
Een paar veelvoorkomende zelfstandige naamwoorden met een onregelmatig meervoud zijn:
l'uomo – gli uomini ('mens','man')
il Dio – gli Dei ('God')
l'ala – le ali ('vleugel')
il tempio – i templi ('tempel')

onregelmatige werkwoorden

De meeste werkwoorden die in het Italiaans onregelmatig zijn, zijn werkwoorden van de tweede groep, op *-ere*. De lijst is te groot om hier helemaal te noemen. De onregelmatige werkwoorden op *-are* zijn: *fare, andare, stare* en *dare*. De onregelmatige werkwoorden op *-ire* zijn: *venire, aprire, uscire, apparire, morire, offrire, dire, salire* en *udire*.
Onregelmatige werkwoorden zijn niet in elke tijd onregelmatig. De meeste zijn onregelmatig in de *indicativo presente, futuro, passato remoto* en *participio passato*.

ontkenning

In een ontkennende zin staat de ontkenning voor de werkwoordvervoeging. Meestal is dit *non*, omdat je een bevestigende zin ontkennend maakt.
Luigi parla bene l'italiano. Luigi non parla bene l'italiano. – Luigi spreekt goed Italiaans. Luigi spreekt niet goed Italiaans.
Indien de ontkenning achter de werkwoordvervoeging staat, omdat de ontkenning bijvoorbeeld een onbepaald voornaamwoord is, dan wordt *non* voor de werkwoordvervoeging gezet.

Nessuno ha detto la verità. – Niemand heeft de waaarheid gesproken (*Nessuno* is de ontkenning en staat voor *ha*.)
Non ha detto nessuno la verità. – Niemand heeft de waarheid gesproken. (*Nessuno* staat achter *ha*, dus *non* ervoor.)
Non valt ook weg als er geen werkwoord in de zin voorkomt.
Chi ha visto l'ultimo film di Spielberg? Nessuno? – Wie heeft de laatste film van Spielberg gezien? Niemand?
In een ontkennende zin wordt 'iemand' of 'enig' vertaald met *nessuno*, 'iets' door *niente* of *nulla*.
Non vedo mai nessuno. – Ik zie nooit iemand.
Non dice mai nulla. – Zij zegt nooit iets.
De ontkenning wordt eventueel versterkt door toevoeging van *niente*, *mica* of *affatto*.

onveranderlijke bijvoeglijke naamwoorden

De volgende groepen zijn te onderscheiden:
- die uit één lettergreep bestaan: blu
- die in het enkelvoud eindigen op *-i*: pari
- die eigenlijk bijwoordelijke bepalingen zijn: dabbene, dappoco
- die eigenlijk een zelfstandig naamwoord zijn, maar gebruikt worden om een kleur aan te duiden: rosa – la rosa ('de roos','roze'), arancio – l'arancio ('de sinaasappel','oranje').

onveranderlijke zelfstandige naamwoorden

Onveranderlijke zelfstandige naamwoorden zijn woorden:
- die uitgaan op een beklemtoonde klinker: la città, il re
- die in het enkelvoud eindigen op *-i* of *-ie*: la crisi
- die uitgaan op een medeklinker: il film
- die mannelijk zijn en uitgaan op *-a*: il cinema
- die vrouwelijk zijn en uitgaan op *-o*: la foto, la moto
- achternamen: i Lombardo – de familie Lombardo

onzuivere s

Een onzuivere *s* is een *s* als beginletter van een woord dat direct gevolgd door een andere medeklinker. Bij mannelijke zelfstandige naamwoorden verandert het bepaald lidwoord in *lo* (enkelvoud) en *gli* (meervoud) indien het lidwoord direct voor de onzuivere *s*-klank staat. Deze regel geldt ook voor woorden die met een *z* , *x*, *gn*, *pn* of *ps* beginnen.
lo studente, lo zoccolo, lo psicologo

ooit, nooit

Zie 'nooit, ooit'.

ook

'Ook' wordt vertaald door *anche*.

ook, misschien

'Ook' in de betekenis van 'misschien' wordt vertaald door *per caso*.
Sa per caso dove mi trovo adesso? – Weet u misschien waar ik nu ben?

ook al, zelfs al

'Ook al' en 'zelfs al' worden vertaald door *anche se + congiuntivo* of *anche + gerundio*.
Anche se facessi il mio meglio, non riuscerei. Anche facendo il mio meglio, non riuscerei. – Ook al deed ik mijn best, ik zou toch niet slagen.

ook al, ofschoon

'Ook al' in de betekenis van 'ofschoon' wordt vertaald door *benché* of *sebbene + congiuntivo*.
Benché fosse stanco, andò a ballare. – Hoewel hij moe was, ging hij toch dansen.

opdat

'Opdat' wordt vertaald met *perchë + congiuntivo*.
Ti chiamo perché non stia in pensiero. – Ik bel je, opdat je je niet ongerust maakt.

oppure

Het voegwoord *oppure* betekent 'of'.
Vuoi una mela oppure qualcos'altro? – Wil je een appel of liever iets anders?

ortografia

Ortografia betekent 'spelling'. De Italiaanse spelling is nagenoeg fonetisch. Overbodige letters worden weggelaten en daardoor is de spelling eenvoudig.

ottenere

Ottenere betekent 'verkrijgen'. Voor vervoeging zie 'tenere'. Het hulpwerkwoord is *avere*, het voltooid deelwoord is *ottenuto*.

ottobre

Ottobre betekent 'oktober'.

overeenstemming van het voltooid deelwoord (*accordo*)

Bij het hulpwerkwoord *avere* blijft het voltooid deelwoord gelijk (eindigt op *-o*).
Abbiamo mangiato. – We hebben gegeten.
Dit is niet het geval wanneer het voltooid deelwoord wordt voorafgegaan door het lijdend voorwerp *l', lo, la, li, le* en *ne*, dan richt het voltooid deelwoord zich in getal en geslacht naar het lijdend voorwerp.
Ho visto la nonna. – Ik heb oma gezien.
L'ho vista. – Ik heb haar gezien.
In alle andere gevallen waar het voltooid deelwoord wordt voorafgegaan door een lijdend voorwerp kan men kiezen, maar is de mannelijke vorm de meest gebruikelijke.
Mamma, ti ha salutato il nonno. Mamma, ti ha salutata il nonno. – Mama, je krijgt de groeten van opa.
Bij het hulpwerkwoord *essere, venire* of *andare* stemt het voltooid deelwoord in getal en geslacht overeen met het onderwerp. Ook hier geldt de regel van het lijdend voorwerp *l', lo, la, li/le* en *ne*.
Loro sono andati via. – Zij zijn weggegaan.
I vetri vengono lavati. – De ramen worden gewassen.
I vetri vanno lavati. – De ramen moeten gewassen worden.
Hai lavato le mani? No, non me le sono lavate ancora. – Heb je je handen gewassen? Nee, ik heb ze nog niet gewassen.

overmorgen

'Overmorgen' wordt vertaald door *dopodomani*.

overtreffende trap

De overtreffende trap (*superlativo relativo*) geeft aan dat iets of iemand een bepaalde kwaliteit in zeer hoge mate bezit (zie ook 'absoluut overtreffende trap' en 'vergrotende trap'). Er is sprake van een vergelijking met andere personen, dieren of zaken. Deze vergelijking wordt ingeleid door *di* of *tra/fra*.
Il mio zio è il più povero del paese. – Mijn oom is de armste van het land.
Questo risultato è il più soddisfacente fra gli ultimi anni. – Dit resultaat is het meest bevredigende van de laatste jaren.

De vorming is als volgt:
- bijvoeglijk naamwoord: bepaald lidwoord + *più/meno* + bijvoeglijk naamwoord.
  il più bello – de mooiste
- bijwoord: bepaald lidwoord + *più/meno* + bijwoord (deze vorm komt zelden voor, het zijn wel vaak de onregelmatige bijwoorden)
  bene – meglio, male – peggio, molto – più, poco – meno

Onregelmatige vormen van de bijvoeglijke naamwoorden in de overtreffende trap zijn:
- *buono*: *(il/la) più buono* (bij morele zaken)
  Piero è più buono della sorella. – Piero is liever dan zijn zus.
- *(il/la) migliore*
  Questa pizza è la migliore. – Deze pizza is de lekkerste.
- *cattivo* – *(il/la) più cattivo* (bij morele zaken)
  È il più cattivo bambino della classe. – Hij is het stoutste kind van de klas.
- *(il/la) peggiore*
  Questo quadro è peggiore. – Dit schilderij is slechter.
- *grande* – *(il/la) più grande* (bij afmetingen)
  Quella casa è più grande di questa. – Dat huis is groter dan dit.
- *(il/la) maggiore/(massimo)*
  È il problema maggiore. – Het is het grootste/grotere probleem.
- *piccolo* – *(il/la) più piccolo* (bij afmetingen)
  Questa stanza è più piccola della mia. – Deze kamer is kleiner dan de mijne.
- *(il/la) minore/minimo*
  È un problema minore. – Het is een kleiner probleem.
- *alto* – *(il/la) più alto* (bij afmetingen)
  Il muro è più alto del cancello. – De muur is hoger dan het hek.
- *(il/la) superiore/sommo/supremo*
  la classe superiore – de hoogste/hogere klas
- *basso* – *(il/la) più basso* (bij afmetingen)
  Il cancello è il più basso. – Het hek is het laagst.
- *(il/la) inferiore/infimo*
  la classe inferiore – de laagste/lagere klas
  Infimo, supremo/sommo ultimo en *postumo* komen alleen in de vergrotende en overtreffende trap voor.

Enkele uitdrukkingen:
È superiore a me. – Hij staat boven mij.
fare il suo meglio – zijn best doen

il meno possibile – zo min mogelijk
il più presto possibile – zo snel mogelijk

ovest

Ovest betekent 'west'.

P

pagare

Pagare betekent 'betalen'. Zie ook '-care' en 'cercare'.

ind. presente	*imperfetto*	*passato remoto*	*imperativo*
io pago	pagavo	pagai	–
tu paghi	pagavi	pagasti	paga
lui paga	pagava	pagò	paghi
noi paghiamo	pagavamo	pagammo	paghiamo
voi pagate	pagavate	pagaste	pagate
loro pagano	pagavano	pagarono	paghino

congiuntivo presente	*congiuntivo imperfetto*
io paghi	pagassi
tu paghi	pagassi
lui paghi	pagasse
noi paghiamo	pagassimo
voi paghiate	pagaste
loro paghino	pagassero

futuro	*condizionale*
io pagherò	pagherei
tu pagherai	pagheresti
lui pagherà	pagherebbe
noi pagheremo	pagheremmo
voi pagherete	paghereste
loro pagheranno	pagherebbero

paio

Il paio is een collectief telwoord en betekent 'het paar'. Het heeft een onregelmatig meervoud: il paio – le paia.
un paio di scarpe, due paia di scarpe – een paar schoenen, twee paar schoenen

panettone

Een *panettone* is een traditioneel soort brood dat lijkt op cake. Het wordt met Kerstmis gegeten.

parere

Parare betekent 'lijken' of 'schijnen'. Het hulpwerkwoord is *essere*, het voltooid deelwoord is *parso*.

ind. presente	*imperfetto*	*passato remoto*	*imperativo*
io paio	parevo	parvi/ parsi	–
tu pari	parevi	paresti	pari
lui pare	pareva	parve/ parse	paia
noi paiamo	parevamo	paremmo	pariamo
voi parete	parevate	pareste	parete
loro paiono	parevano	parvero/ parsero	paiano

congiuntivo presente	*congiuntivo imperfetto*
io paia	paressi
tu paia	parresi
lui paia	paresse
noi paiamo	paressimo
voi paiate	pareste
loro paiano	paressero

futuro	*condizionale*
io parrò	parrei
tu parrai	parresti
lui parrà	parrebbe
noi parremo	parremmo
voi parrete	parreste
loro parranno	parrebbero

parere, il ~

Il parere betekent 'de mening'.
a mio parere – naar mijn mening

participio passato

Het *participio passato* is het 'voltooid deelwoord'. Het *participio passato* van de werkwoorden op *-are* gaat uit op *-ato*, dat van de werkwoorden op *-ere* op *-uto* en dat van werkwoorden op *-ire* op *-ito*. Echter, de meeste werkwoorden op *-ere* hebben een onregelmatig *participio passato*.
Zie ook 'overeenstemming van het voltooid deelwoord'.

Enkele onregelmatige vormen zijn:

aprire – aperto ('openen')
assumere – assunto ('aannemen')
chiedere – chiesto ('vragen')
chiudere – chiuso ('sluiten')

concedere – concesso ('toestaan')
decidere – deciso ('besluiten')
dirigere – diretto ('leiden', 'richten')
discutere – discusso ('discussiëren')
dire – detto ('zeggen')
dividere – diviso ('scheiden', 'delen')
emergere – emerso ('opduiken', 'verschijnen')
fare – fatto ('doen', 'maken')
leggere – letto ('lezen')
mettere – messo ('zetten')
nascere – nato ('geboren worden')
offrire – offerto ('aanbieden')

perdere – perso ('verdwijnen', 'verliezen')
prendere – preso ('nemen')
persuadere – persuaso ('dwingen')
rendere – reso ('teruggeven')
rispondere – risposto ('antwoorden')
rimanere – rimasto ('verblijven')
risolvere – risolto ('oplossen')
scegliere – scelto ('kiezen')
scendere – sceso ('afdalen')
scrivere – scritto ('schrijven')
succedere – successo ('gebeuren')
togliere – tolto ('wegnemen')
vedere – visto ('zien')
venire – venuto ('komen')
detrarre – detratto ('afleiden')
proporre – proposto ('voorstellen')
produrre – prodotto ('produceren')

Het voltooid deelwoord kan op verschillende manieren gebruikt worden:

- als werkwoord
  Risolto questo problema, passiamo al punto successivo. – Het probleem opgelost hebbende, gaan we door naar het volgende punt.
- als bijvoeglijk naamwoord
  Non sono d'accordo con le decisioni prese. – Ik ben het niet eens met de genomen besluiten.
- als zelfstandig naamwoord
  Il fatturato è in aumento. – De omzet stijgt.

passato prossimo

Passato prossimo is de voltooid verleden tijd. Deze bestaat, net als in het Nederlands, uit een hulpwerkwoord (*avere* of *essere*) en het

voltooid deelwoord. Het hulpwerkwoord en het voltooid deelwoord staan altijd meteen bij elkaar.
Zie ook de andere verleden tijden voor een compleet beeld en de gebruikswijze, 'passato remoto' en 'imperfetto'.
De *passato prossimo* vertelt de handeling in het verleden, die inmiddels voltooid is en meestal eenmalig is. Vaak wordt zo'n gebeurtenis ingeleid door uitdrukkingen als *poi, allora, subito, di colpo* enzovoorts. De *passato prossimo* komt vaak samen met de *imperfetto* voor in een zin.
Quando ero giovane ho viaggiato molto. – Toen ik jong was heb ik veel gereisd.
Faceva già tardi quando all'improvviso ha suonato il telefono. – Het was al laat toen ineens de telefoon ging.

passato remoto

De *passato remoto* is de onvoltooid verleden tijd. Met name bij werkwoorden op *-ere* zie je een onregelmatige *passato remoto.* De onregelmatigheid zit in de eerste en derde persoon enkelvoud en de derde persoon meervoud. Net als de *passato prossimo* geeft de *passato remoto* een afgesloten handeling in het verleden aan, welke niet in relatie tot het heden staat. Het is met name een tijd die gebruikt wordt in de schrijftaal, zoals bijvoorbeeld in kranten en boeken. In Zuid Italië wordt de *passato remoto* ook nog gebruikt in de spreektaal maar in Noord Italië prefereert men de *passato prossimo,* ook wanneer er eigenlijk een *passato remoto* hoort te staan.
Mio nonno morì dopo essere stato malato per due settimane.
Mijn opa stierf na een ziekbed van twee weken.
Faceva già tardi quando di colpo suonò il campanello. – Het was al laat toen ineens de bel ging.

De regelmatige vervoeging is als volgt:

-are > parlare	-ere> credere	-ire> sentire
io parlai	credei/credetti	sentii
tu parlasti	credesti	sentisti
lui parlò	credè/credette	sentì
noi parlammo	credemmo	sentimmo
voi parlaste	credeste	sentiste
loro parlarono	crederono/credettero	sentirono

Enkele onregelmatige vervoegingen (in de 1e en 3e persoon enkelvoud en 3e persoon meervoud, de rest is regelmatig):

- chiudere – chiusi, chiuse, chiusero ('sluiten')
- decidere – decisi, decise, decisero ('besluiten')
- leggere – lessi, lesse, lessero ('lezen')
- mettere – misi, mise, misero ('zetten')
- nascere – nacqui, nacque, nacquero ('geboren worden')
- prendere – presi, prese, presero ('nemen')
- rimanere – rimasi, rimase, rimasero ('(ver)blijven')
- rispondere – risposi, rispose, risposero ('antwoorden')
- scrivere – scrissi, scrisse, scrissero ('schrijven')
- vivere – vissi, visse, vissero ('leven')

per

Het voorzetsel *per* kan op de volgende manieren worden vertaald:

- in de betekenis van middel, manier: 'per'
  per posta – per post
  uno per uno – een voor een
- in de betekenis van tijd: gedurende
  per due ore – twee uur lang
- plaats, bestemming ('naar', 'voor')
  Per il museo, dove devo scendere? – Waar moet ik uitstappen voor het museum?
- oorzaak, doel ('vanwege')
- per motivi di salute – om gezondheidsredenen
- non veder bene per la nebbia – niet goed kunnen zien vanwege de mist
- percentage/wiskunde
  il cinquanta per cento – vijftig procent
  cento Franchi per persona – honderd frank per persoon
  dividere cento per due – honderd door twee delen
- prijs ('voor')
  per 100 fiorini – voor 100 gulden

Enkele uitdrukkingen met 'per' zijn:
per amor di Dio – alstublieft
prendere per vero – geloven

per cui

Per cui betekent 'en daarom'. Het staat aan het begin van een bijzin en wijst terug naar een hele zin.
Non mi fido di lui , per cui devo stare all'erta. – Ik vertrouw hem niet en daarom moet ik oppassen.

per fortuna

De bijwoordelijke uitdrukking *per fortuna* betekent 'gelukkig'.

percentage

Percentages worden altijd aangegeven met voorzetsel *per*. Voor het percentage komt het mannelijk bepaald lidwoord, als er nog een nadere bepaling volgt waarop het percentage betrekking heeft volgt voorzetsel *di*.

il 10 per cento

Het percentage wordt aangegeven als hoofdtelwoord (*il dieci per cento* – 100%).

Il dieci per cento della gente va in vacanza da sola. – 10% van de mensen gaat alleen op vakantie.

perché

Perché betekent 'waarom'. Het staat als vraagwoord aan het begin van een vraag en is onveranderlijk.

Perché non viene? – Waarom komt hij niet?

Perché kan ook 'omdat' of 'waarom' betekenen (aan het begin van de zin wordt dit *poiché*): Non viene, perché è malato. – Hij komt niet omdat hij ziek is.

perché + congiuntivo

Perché + congiuntivo betekent 'opdat'.

Te lo dico perché lo sappia. – Ik zeg het je opdat je het weet.

perciò, per quello

Perciò en *per quello* betekenen 'daarom' of 'om die reden'. Het voegwoorden met een concluderende waarde.

Sono arrabbiata e perciò non ci vado. – Ik ben boos en daarom ga ik niet.

perdere

Perdere betekent 'verliezen'. Het hulpwerkwoord is *avere*, het voltooid deelwoord is *perso*. Voor vervoeging zie 'chiudere'.

permettere

Permettere betekent 'veroorloven' of 'toestaan'. Het hulpwerkwoord is *avere*, het voltooid deelwoord is *permesso*. Voor vervoeging zie 'mettere'.

però

Però betekent 'maar' of 'echter'. Het is een voegwoord.
Ho mal di testa, però non sono stanco. – Ik heb hoofdpijn, maar ik ben (toch) niet moe.

perso

Perso is het onregelmatig voltooid deelwoord van *perdere* ('verliezen', 'missen'). Het hulpwerkwoord is *avere*.

persoonlijk voornaamwoord als onderwerp

Dit wordt in de regel weggelaten omdat de persoonsvorm al ligt opgesloten in de werkwoordsvervoeging. Alleen als de persoonsvorm nadruk heeft dan noem je het persoonlijk voornaamwoord, bijvoorbeeld bij tegenstellingen en antwoorden waarin geen werkwoord aan te pas komt.
Chi ha bussato? Io. – Wie heeft er geklopt? Ik.
È Lei la signora Parella? Sì, sono io. – Bent u mevrouw Parella? Ja, dat ben ik.

ik	io	1e persoon enkelvoud
jij	tu	2e persoon enkelvoud
hij	lui	3e persoon enkelvoud
zij	lei	3e " "
u	Lei	3e " "
wij	noi	1e persoon meervoud
jullie	voi	2e persoon meervoud
u (mv)	voi	2e persoon meervoud
zij	loro	3e persoon meervoud

persoonlijk voornaamwoord als lijdend voorwerp

Hier moet je een onderscheid maken tussen de beklemtoonde en de onbeklemtoonde vormen.
Het persoonlijk voornaamwoord wordt beklemtoond wanneer er nadruk op ligt. Dit komt voor in zinnen met of zonder werkwoord. Het staat dan meestal achter het vervoegde werkwoord.
Ho chiamato lui. – Ik heb hem gebeld.
Verder komt dit voor na voorzetsels (*di, da, per, con* etc.) en na bijwoorden als *anche, neanche, solo, sempre* etc.

mij	me
jou	te
hem	lui

haar	lei
u	Lei
ons	noi
jullie	voi
u	voi
hen	loro
zichzelf	sé

Het blijft onbeklemtoond wanneer er geen nadruk ligt op het persoonlijk voornaamwoord. Het staat meestal voor het vervoegde werkwoord, of achter de *infinito* of *imperativo*.
Ti ho chiamato ieri. – Ik heb je gisteren gebeld.
Scrivimi il più presto possibile! – Schrijf me zo spoedig mogelijk!
Potresti scrivermi? – Zou je me kunnen schrijven?

me	mi	
je	ti	
hem/het	lo	*l'* voor klinker of stomme *h*
haar/het	la	*l'* voor klinker of stomme *h*
u	La	
ons	ci	
jullie	vi	
u	vi	
hen/ze	li (mannelijk)	
hen/ze	le (vrouwelijk)	
zich	si	

persoonlijk voornaamwoord als meewerkend voorwerp
Hier moet je onderscheid maken tussen beklemtoonde en onbeklemtoonde vormen. Je kunt je de denkbeeldige vraag stellen 'Aan of voor wie?'
Het wordt beklemtoond wanneer er nadruk ligt op de persoon. Meestal staat het achter de werkwoordvervoeging.

mij	a me
jou	a te
hem	a lui
haar	a lei
u	a Lei
ons	a noi
jullie	a voi
u	a voi

hun/hen	a loro	staat altijd achter de werkwoordvervoeging
zichzelf	a sé	

Het blijft onbeklemtoond wanneer er geen nadruk ligt op de persoon. Meestal staat het voor de werkwoordsvervoeging of achter de *infinito* of *imperativo* geplakt.
Ti telefono perché mi manchi. – Ik bel je omdat ik je mis.
È possibile darmi una mano? – Is het mogelijk dat je me helpt?
Telefonami alle otto! – Bel me om 8 uur.

me	mi
je	ti
hem	gli
haar	le
u	Le
ons	ci
jullie	vi
u	vi
hun/ze	gli
loro	altijd achter de werkwoordsvervoeging, in meer formeler taalgebruik.
zich	si

persoonlijke voornaamwoorden gecombineerd met elkaar

Zie 'combinaties van persoonlijke voornaamwoorden'.

persoonlijke voornaamwoorden en plaats in de zin

Onbeklemtoonde persoonlijke voornaamwoorden staan in de regel voor de werkwoordsvervoeging. Ze staan echter achter een *infinito* of *imperativo.* Soms kun je ze er zowel voor als achter zetten: *dovere/potere/volere/sapere* + *infinito*, en bij de jij-vorm van de ontkennende *imperativo.* Let erop dat de laatste klinker van de *infinito* wegvalt wanneer het persoonlijk voornaamwoord erachter wordt geplakt.

Petrarca (1304 –1374)

Petrarca werd geboren in Arezzo, Toscane. Naast Dante en Boccaccio is hij een van de vaders van de Italiaanse taal. Hij is beroemd om zijn sonnetten. Hij schreef naast het Latijn ook in de volkstaal. Bekend zijn zijn sonnetten gewijd aan Laura, de vrouw die hij aanbad.

piace, piacciono

Piace en *piacciono* zijn afgeleid van *piacere* (zie 'leuk vinden'). Deze vorm wordt met name gebruikt in de derde persoon enkelvoud en derde persoon meervoud. Het Nederlandse lijdend voorwerp wordt onderwerp in de Italiaanse zin en het Nederlandse onderwerp wordt meewerkend voorwerp in de Italiaanse zin.
Mi piace il calcio. – Ik vind voetbal leuk. ('Voetbal bevalt aan mij')

ind. presente	*imperfetto*	*passato remoto*	*imperativo*
io piaccio	piacevo	piacqui	–
tu piaci	piacevi	piacesti	piaci
lui piace	piaceva	piacque	piaccia
noi piacciamo	piacevamo	piacemmo	piacciamo
voi piacete	piacevate	piaceste	piacete
loro piacciono	piacevano	piacquero	piacciano

congiuntivo presente	*congiuntivo imperfetto*
io piaccia	piacessi
tu piaccia	piacessi
lui piaccia	piacesse
noi piacciamo	piacessimo
voi piacciate	piaceste
loro piacciano	piacessero

futuro	*condizionale*
io piacerò	piacerei
tu piacerai	piaceresti
lui piacerà	piacerebbe
noi piaceremo	piaceremmo
voi piacerete	piacereste
loro piaceranno	piacerebbero

piacere!

Piacere! betekent 'Aangenaam!' en zeg je dus als je met iemand kennismaakt.
Ook als zelfstandig naamwoord komt *piacere* voor, het betekent dan 'genoegen'.

piangere

Piangere betekent 'huilen'. Het hulpwerkwoord is *avere*, het voltooid deelwoord is *pianto*. Voor vervoeging zie 'leggere'.

pianta
La pianta betekent 'de plant'.

piantare
Piantare betekent 'planten'. Het voltooid deelwoord is *piantato.*

pianto
Het onregelmatig voltooid deelwoord van *piangere* ('huilen') is *pianto.*

piccolo
Piccolo betekent 'klein'.

Zie ook 'stellende trap', 'overtreffende trap', 'absoluut overtreffende trap' en 'vergrotende trap' voor de onregelmatige vormen.

Pippo Baudo
Pippo Baudo is één van de bekendste televisiepresentatoren van Italië.

più ... che
Zie 'meer dan'.

più ... di
Zie 'meer dan'.

più di, di più
Zie 'di più, più di'.

piuttosto
Het bijwoord *piuttosto* betekent 'tamelijk' of 'nogal'.
Il mallato vede piuttosto palido. – De zieke ziet nogal bleekjes.

pizza
Een *pizza* is niet alleen een gerecht, het is ook een uitdrukking voor iets of iemand die saai of vervelend is.
Che pizza, questa festa! – Wat een saai feest!

plaatsaanduidingen
De volgende plaatsaanduidingen komen in het Italiaans voor:
- *a* ('in', 'naar') – bij een stad of dorp, of thuis (*a casa*)
- *da* ('bij', 'naar') – bij personen

Vado dal dentista. – Ik ga naar de tandarts.

- 'uit', 'vandaan' (richting waar vandaan, meestal op dat moment)
  Il treno viene da Rotterdam. – De trein komt uit Rotterdam.
- *di* ('uit') – plaats, bijvoorbeeld woonplaats
  È di Roma. – Hij komt uit Rome.
- *in* ('naar', 'in') – land, streek, maar ook: in cucina, in centro, in discoteca, in ufficio
- *per* ('naar') – richting waarheen
  Il treno per Bruxelles. – De trein naar Brussel.
- *accanto a* ('naast')
  È seduto accanto alla mamma. – Hij zit naast mama.
- *fra/tra* ('tussen')
  C'è un albero fra le due case. – Er staat een boom tussen de twee huizen.
- *davanti a* ('voor')
  Davanti alla casa c'è un giardino. – Voor het huis is een tuin.
- *dietro a* ('achter')
  Il muro è dietro al garage. – De muur zit achter de garage.
- *di fronte a* ('tegenover')
  Di fronte alla chiesa c'è una piazza. – Tegenover de kerk ligt een plein.
- *fino a* ('tot aan')
  Vai fino al semaforo. – Ga tot aan het verkeerslicht.
- *in fondo a* ('aan het eind van')
  in fondo al parco – aan het eind van het park
- *in mezzo a* ('midden op/in')
  In mezzo alla piazza c'è una fontana. – Midden op het plein staat een fontein.
- *intorno a* ('rondom')
  Intorno al palazzo c'è un cancello. – Rondom het gebouw staat een hek.
- *sopra* ('op', 'boven')
  La lampada è sopra il tavolo. – De lamp hangt boven de tafel.
- *sotto* ('onder')
  Sotto l'acqua non so respirare. – Onder water kan ik niet adem halen.
- *su* ('op')
  Il gatto è sulla macchina. – De kat zit op de auto.

plaats

Zie 'bijwoord', 'bijvoeglijk naamwoord' en 'persoonlijk voornaamwoord'.

pn
Zie 'onzuivere s'.

poco, po'
Poco of *po'* betekent 'een beetje' of 'weinig'. Het is een onveranderlijk bijwoord van graad of hoeveelheid en geeft een antwoord op de vraag 'in welke mate?'
Quanto hai speso? Poco. – Hoeveel heb je uitgegeven? Weinig.
Als onbepaald voornaamwoord is het veranderlijk en zowel bijvoeglijk als zelfstandig.
Quanti anni ha vissuto all'estero? Solo pochi. – Hoeveel jaar heb je in het buitenland gewoond? Slechts een paar.

poi
Poi is een bijwoord en betekent 'dan' of 'daarna'.

poiché
Poichè betekent 'daarom' of 'omdat' en komt in plaats van *perché* aan het begin van een zin.

Polentone
Een *Polentone* is een Noord-Italiaan. Het woord komt van *polenta*, een griesmeelgerecht dat veel in Noord-Italië wordt gegeten. Deze benaming wordt schertsend gebruikt door de Zuid-Italianen. Zie ook *terrone*.

porre
Porre betekent 'zetten', 'vaststellen' of 'veronderstellen'. Oorspronkelijk was de *infinito ponere*. Het voltooid deelwoord is *posto*, het hulpwerkwoord is *avere*.

Net als bij *salire*, *valere* en *rimanere* wordt de *-g-* ingelast voor de *-o* van de eerste persoon enkelvoud en de derde persoon meervoud in de *indicativo presente*.

ind. presente	*imperfetto*	*passato remoto*	*imperativo*
io pongo	ponevo	posi	-
tu poni	ponevi	ponesti	poni
lui pone	poneva	pose	ponga
noi poniamo	ponevamo	ponemmo	poniamo
voi ponete	ponevate	poneste	ponete
loro pongono	ponevano	posero	pongano

congiuntivo presente	*congiuntivo imperfetto*
io ponga	ponessi
tu ponga	ponessi
lui ponga	ponesse
noi poniamo	ponessimo
voi poniate	poneste
loro pongano	ponessero

futuro	*condizionale*
io porrò	porrei
tu porrai	porresti
lui porrà	porrebbe
noi porremo	porremmo
voi porrete	porreste
loro porranno	porrebbero

post

'De post' heet in Italië *la posta* of *le poste*.
presso – per adres
mittente – afzender
raccomandata – aantekenen
via aerea – luchtpost
espresso – expresse
far seguire – nazenden
fermo posta – poste restante

potere

Het regelmatige werkwoord *potere* betekent 'kunnen' of 'mogen'. Het is een modaal hulpwerkwoord in combinatie met de *infinito*. Het hulpwerkwoord is *avere*, het voltooid deelwoord is *potuto*. Wanneer *potere* wordt gevolgd door een *infinito* krijg je het hulpwerkwoord dat door de *infinito* zou worden vereist. Alleen als je het modale werkwoord (*potere*) reliëf wilt geven, gebruik je *avere*.

ind. presente	*imperfetto*	*passato remoto*	*imperativo*
io posso	potevo	potei	–
tu puoi	potevi	potesti	
lui può	poteva	poté	
noi possiamo	potevamo	potemmo	
voi potete	potevate	poteste	
loro possono	potevano	poterono	

congiuntivo presente	*congiuntivo imperfetto*
io possa	potessi
tu possa	potessi
lui possa	potesse
noi possiamo	potessimo
voi possiate	poteste
loro possano	potessero

futuro	*condizionale*
io potrò	potrei
tu potrai	potresti
lui potrà	potrebbe
noi potremo	potremmo
voi potrete	potreste
loro potranno	potrebbero

Uitdrukkingen met *potere* zijn:
Il ricco quando vuole, il povero quando può. – De rijke wanneer hij wil, de arme wanneer hij kan.
Non rimandare a domani quello che puoi fare oggi. – Niet uitstellen tot morgen wat je vandaag kunt doen.

prendere

Prendere betekent 'nemen'. Het voltooid deelwoord is *preso*, het hulpwerkwoord is *avere*.

ind. presente	*imperfetto*	*passato remoto*	*imperativo*
io prendo	prendevo	presi	–
tu prendi	prendevi	prendesti	prendi
lui prende	prendeva	prese	prenda
noi prendiamo	prendevamo	prendemmo	prendiamo
voi prendete	prendevate	prendeste	prendete
loro prendono	prendevano	presero	prendano

congiuntivo presente	*congiuntivo imperfetto*
io prenda	prendessi
tu prenda	prendessi
lui prenda	prendesse
noi prendiamo	prendessimo
voi prendiate	prendeste
loro prendano	prendessero

futuro	*condizionale*
io prenderò	prenderei
tu prenderai	prenderesti
lui prenderà	prenderebbe
noi prenderemo	prenderemmo
voi prenderete	prendereste
loro prenderanno	prenderebbero

Uitdrukkingen met *prendere* zijn:
prendere in giro qualcuno – iemand voor de gek houden
Prendere due piccioni con una fava. – Twee vliegen in een klap slaan.
(Letterlijk: 'twee duiven vangen met een boon')
prendersela con i mulini a vento – tegen windmolens vechten

preposizioni
Zie 'voorzetsels'.

preposizioni articolati
Zie 'samentrekking van bepaald lidwoord met voorzetsel'.

presente
De *presente* is de onvoltooid tegenwoordige tijd. Hierin wordt het heden beschreven.

preso
Preso is het onregelmatig voltooid deelwoord van *prendere* ('nemen').

presso
Presso betekent 'bij'.
Lavora presso la ditta. – Hij werkt bij de firma.
'Bij' in de betekenis 'in de omgeving van' wordt vertaald met *nei pressi*.
nei pressi di Roma – in de omgeving van Rome

presto
Presto is een bijwoord van tijd en betekent 'vlug' of 'vroeg'.
fare presto – opschieten
troppo presto – te vroeg

prima
Prima is een bijwoord van tijd en betekent 'eerst', 'eerder' of 'vroeger'.

primavera
La primavera betekent 'de lente'.

probabilmente
Het bijwoord *probabilmente* betekent 'waarschijnlijk' of 'mogelijk'.

produrre
Produrre betekent 'produceren', het hulpwerkwoord is *avere* en het voltooid deelwoord is *prodotto*.

ind. presente	*imperfetto*	*passato remoto*	*imperativo*
io produco	producevo	produssi	–
tu produci	producevi	producesti	produci
lui produce	produceva	produsse	produca
noi produciamo	producevamo	producemmo	produciamo
voi producete	producevate	produceste	producete
loro producono	producevano	produssero	producano

congiuntivo presente	*congiuntivo imperfetto*
io produca	producessi
tu produca	producessi
lui produca	producesse
noi produciamo	producessimo
voi produciate	produceste
loro producano	producessero

futuro	*condizionale*
io produrrò	produrrei
tu produrrai	produrresti
lui produrrà	produrrebbe
noi produrremo	produrremmo
voi produrrete	produrreste
loro produrranno	produrrebbero

Professore
Il Professore ('de professor') is de bijnaam voor Romano Prodi, oud-premier van Italië en voorzitter van de Europese Commissie.

pronomi indefiniti
Zie 'onbepaald voornaamwoord'.

pronomi dimostrativi
Zie 'aanwijzend voornaamwoord'.

pronomi possessivi
Zie 'bezittelijk voornaamwoord'.

pronomi interrogativi
Zie 'vragend voornaamwoord'.

pronomi relativi
Zie 'betrekkelijk voornaamwoord'.

pronomi personali
Zie 'persoonlijk voornaamwoord'.

pronuncia
Pronuncia betekent 'uitspraak' (zie ook 'fonetisch alfabet'). Het Italiaans kenmerkt zich door elke letter afzonderlijk uit te spreken.

c	voor een *e* of *i*	[tsj]	zoals in 'hatsjoe'	cinquecento
	anders	[k]	casa	
ch	voor *e* of *i*	[k]	chilo	
g	voor *e* of *i*	[dzj]	zoals in 'gin tonic'	gente
	anders	[g]	zoals in 'goal'	galleria
gh	voor *e* of *i*	[g]	spaghetti	
gl	voor *i*	[lj]	zoals in 'miljoen'	meglio
	anders	[gl]	zoals in 'gletsjer'	gloria
gn		[nj]	zoals in 'Anja'	bagno
h	-	wordt niet uitgesproken		hotel
qu		[kw]	zoals in 'question'	quando
r		rollend, niet in de keel		
sc	voor *e* of *i*	[sj]	zoals in 'chocolade'	sciarpa
	anders	[sk]	zoals in 'ski'	scarpa
sch	voor *e* of *i*	[sk]	zoals in 'ski'	scherzo
v		tussen een *v* en *w* in		uovo
z		[ts]	zucchero	
		[dz]	zero	

Zie ook 'spelling'.

proprio

Proprio is een bijwoord van modaliteit.

- in combinatie met een bezittelijk voornaamwoord betekent het 'eigen' en heeft het een versterkende betekenis:
  con i miei propri occhi – met mijn eigen ogen
- in plaats van een bezittelijk voornaamwoord is de betekenis 'eigen' en geeft het meer nadruk:
  Si sono seduti sul proprio posto. – Ze zijn op hun eigen plaats gaan zitten.
- bij een onbepaald onderwerp en onpersoonlijke constructies is de betekenis 'eigen':
  Nessuno sa la propria sorte. – Niemand weet zijn eigen lot.
  È necessario usare la propria macchina. – Het is noodzakelijk je eigen auto te gebruiken.

provincies

Italië heeft 104 provincies. Enkele afkortingen van provincies die je ook op (oude) nummerplaten van auto's ziet zijn:

1	AL	Alessandria	16	BZ	Bolzano
2	AN	Ancona	17	CA	Cagliari
3	AO	Aosta	18	CB	Campobasso
4	AP	Ascoli Piceno	19	CE	Caserta
5	AQ	Aquila	20	CH	Chieti
6	AR	Arezzo	21	CL	Caltanissetta
7	AT	Asti	22	CN	Cuneo
8	AV	Avellino	23	CO	Como
9	BA	Bari	24	CR	Cremona
10	BG	Bergamo	25	CS	Cosenza
11	BL	Belluno	26	CT	Catania
12	BN	Benevento	27	CZ	Catanzaro
13	BO	Bologna	28	EN	Enna
14	BR	Brindisi	29	FE	Ferrara
15	BS	Brescia	30	FG	Foggia
31	FI	Firenze	46	MN	Mantova
32	FO	Forlì	47	MO	Modena
33	FR	Frosinone	48	MS	Massa-Carrara
34	GE	Genova	49	MT	Matera
35	GO	Gorizia	50	NA	Napoli
36	GR	Grosseto	51	NO	Novara
37	IM	Imperia	52	NU	Nuoro

38	IS	Isernia	53	OR	Oristano
39	LE	Lecce	54	PA	Palermo
40	LI	Livorno	55	PC	Piacenza
41	LT	Latina	56	PD	Padova
42	LU	Lucca	57	PE	Pescara
43	MC	Macerata	58	PG	Perugia
44	ME	Messina	59	PI	Pisa
45	MI	Milano	60	PN	Pordenone
61	PR	Parma	76	SP	La Spezia
62	PS	Pesaro	77	SR	Siracusa
63	PT	Pistoia	78	SS	Sassari
64	PV	Pavia	79	SV	Savona
65	PZ	Potenza	80	TA	Taranto
66	RA	Ravenna	81	TE	Teramo
67	RC	Reggio Calabria	82	TN	Trento
68	RE	Reggio Emilia	83	TO	Torino
69	RG	Ragusa	84	TP	Trapani
70	RI	Rieti	85	TR	Terni
71	RO	Rovigo	86	TS	Trieste
72	Roma	Roma	87	UD	Udine
73	SA	Salerno	88	VA	Varese
74	SI	Siena	89	VC	Vercelli
75	SO	Sondrio	90	VE	Venezia
91	VI	Vicenza			
92	VR	Verona			
93	VT	Viterbo			

ps

Zie 'onzuivere s'.

Q

q

De letter *q* komt alleen voor in combinatie met de *u*, dus *qu*.
acqua ('water'), qui/qua ('hier'), qualcosa ('iets')

qua

Het bijwoord *qua* is een synoniem van *qui* en betekent 'hier'.
È proprio qua! – Het is precies hier!

qualche

Het onbepaald voornaamwoord *qualche* betekent 'enkele' of 'enige'. Na *qualche* volgt altijd een zelfstandig naamwoord in het enkelvoud, hoewel het een meervoudsbetekenis heeft. Het gaat om een onbepaalde hoeveelheid die overigens wel gelimiteerd is.
Vado a Londra per qualche giorno. – Ik ga voor enkele dagen naar Londen.
Ho invitato qualche amica. – Ik heb een paar vriendinnen uitgenodigd.

qualcosa

Het onbepaald voornaamwoord *qualcosa* is een samentrekking van *qualche cosa* en betekent 'iets'. Het gaat om iets dat onbepaald en neutraal is. Vaak wordt het gevolgd door het voorzetsel *di*.
qualcosa di bello – iets moois
Hai detto qualcosa? – Heb je iets gezegd?

qualcuno

Het onbepaald voornaamwoord *qualcuno* betekent 'iemand' en wordt alleen in het enkelvoud gebruikt. Het aantal is onbepaald en niet onbeperkt.
C'è qualcuno in casa? – Is er iemand thuis?
Qualcuno ha bussato alla porta. – Er heeft iemand op de deur geklopt.

quale

Het betrekkelijk voornaamwoord *quale* betekent 'welke' en is met het bepaald lidwoord ervoor synoniem voor *che* en *cui* in een bijzin,

alleen is het taalgebruik formeler. Men prefereert ook *il quale* boven *che* wanneer *che* voor onduidelijkheid zorgt.
Ho visto il fratello della tua amica, il quale vive a Bologna. – Ik heb de broer van jouw vriendin gezien, die in Bologna woont.
Door hier *il quale* in plaats van *che* te gebruiken zie je dat het om de broer gaat en niet om de vriendin.
Als *quale* als vraagwoord wordt gebruikt dan vraagt men naar zaken/mensen uit een beperkt aantal dat bekend is. Vaker zie je *che,* maar als het gaat om een keuze uit twee dan moet je *quale* kiezen.
Quale pizza preferisci? – Welke pizza wil je?
N.B. voor een klinker schrijf je *qual* en in het meervoud *quali.*
Qual è la tua? – Welke is van jou?

qualsiasi

Het onbepaald voornaamwoord *qualsiasi* betekent 'wat dan ook' of 'welke dan ook'. Het komt bijna uitsluitend in het enkelvoud voor. Het staat voor het zelfstandig naamwoord en is onveranderlijk.
Qualsiasi giorno chiami, verrò. – Welke dag je ook belt, ik zal komen.
De zeldzame keren dat het in het meervoud voorkomt staat het achter het zelfstandig naamwoord:
Non sono bicchieri qualsiasi! – Het zijn niet zomaar glazen!

qualunque

Het onbepaald voornaamwoord *qualunque* betekent 'wat dan ook' of 'welke dan ook'. Het kan voor of achter het zelfstandig naamwoord staan en is onveranderlijk. Het komt overeen met *qualsiasi.*
Qualunque cosa scegli, va bene per me. – Wat je ook kiest, ik vind het best.

quando

Het vraagwoord *quando* ('wanneer') vraagt om het tijdstip van een bepaalde handeling.
Quando sei andato in vacanza? – Wanneer ben je op vakantie geweest?
Het wordt als bijwoord van tijd ook gebruikt in de betekenis 'toen':
Faceva bel tempo quando è arrivato lo zio. – Het was mooi weer toen mijn oom kwam.
Bij *quando + congiuntivo* is de betekenis 'indien':
Quando paghi, potrai entrare. – Wanneer je betaalt, mag je naar binnen.

quanto

Quanto is een bijwoord van graad of hoeveelheid in uitroepen en betekent 'hoeveel' of 'wat veel'. Het wordt regelmatig verbogen.
Quanti soldi! – Wat veel geld!
Zie ook 'stellende trap *even...als* '.
Quanto kan ook een vraagwoord zijn en is dan veranderlijk bij zelfstandig en bijvoeglijk gebruik.
Quanti anni hai? – Hoe oud ben je?
Quanto costa? – Hoeveel kost het?

quasi

Het bijwoord *quasi* betekent 'bijna'.
Ha quasi tre anni. – Hij is bijna drie.

quasi quasi

De bijwoordelijk uitdrukking *quasi quasi* betekent 'misschien wel'.
Quasi quasi me ne andrei. – Misschien vertrek ik wel.

quello, quello

Zie 'aanwijzend voornaamwoord'.

questo, questa

Zie 'aanwijzend voornaamwoord'.

qui

Qui is een synoniem van *qua* en betekent 'hier'.

quindi

Het voegwoord *quindi* betekent 'dus' en legt het verband tussen bepaalde zinsdelen.
Ero molto stanco, quindi sono andato a casa presto. – Ik was erg moe, dus ben ik vroeg naar huis gegaan.

R

rangtelwoorden

Een rangtelwoord geeft de rangorde aan van het zelfstandig naamwoord waar het betrekking op heeft. De uitgang van het rangtelwoord richt zich naar het zelfstandig naamwoord en staat er meestal voor. Vanaf '11e' wordt het rangtelwoord gevormd door het hoofdtelwoord met het achtervoegsel *-esimo* (in plaats van de laatste klinker).

1e primo	11e undicesimo
2e secondo	12e dodicesimo
3e terzo	13e tredicesimo
4e quarto	
5e quinto	20e ventesimo
6e sesto	23e ventitreesimo
7e settimo	28e ventottesimo
8e ottavo	
9e nono	100e centesimo
10e decimo	1000e millesimo

al primo piano – op de eerste verdieping
la centunesima volta – de 101e keer

reden waarom

De 'reden waarom' wordt vertaald als *per cui* in een bijzin die terug verwijst naar een hele zin. Het staat vaak in de plaats van *e perciò*.
Non mi piace la politica per cui non voto. – Ik hou niet van politiek en daarom stem ik niet.

regioni

Italië heeft 20 *regioni* (regio's). Dit zijn bestuurlijke regio's, met ieder een hoofdstad waar de bestuurlijke zetel is. Deze regio's bestaan weer uit 104 provincies en deze weer uit 10.122 gemeentes. Aan het hoofd van de regio's en provincies staat een president, aan het hoofd van de gemeente een burgemeester. Valle d'Aosta, Trentino Alto Adige, Friuli-Venezia Giulia, Sicilië en Sardinië zijn autonome regio's met een speciale wetgeving. Ze hebben meer vrijheid om onafhankelijk van de centrale overheid in Rome besluiten te nemen.

De andere regio's zijn:
Liguria met hoofdstad Genua;
Valle d'Aosta met hoofdstad Aosta;
Piemonte met hoofdstad Turijn;
Lombardia met hoofdstad Milaan;
Trentino Alto Adige met hoofdstad Trento;
Veneto met hoofdstad Venetië;
Friuli Venezia Giulia met hoofdstad Triëst;
Emilia-Romagna met hoofdstad Bologna;
Toscane met hoofdstad Florence;
Le Marche met hoofdstad Ancona;
Umbria met hoofdstad Perugia;
Lazio met hoofdstad Rome;
Molise met hoofdstad Campobasso;
Abruzzo met hoofdstad l'Aquila;
Campania met hoofdstad Napels;
Puglia met hoofdstad Bari;
Basilicata met hoofdstad Potenza;
Calabrië met hoofdstad Catanzaro;
Sicilia met hoofdstad Palermo;
Sardegna met hoofdstad Cagliari.

regelmatige werkwoorden op -are

Het voltooid deelwoord van regelmatige werkwoorden op *-are* gaat uit op *-ato*.
Bijvoorbeeld *parlare* ('spreken'):

ind. presente	*imperfetto*	*passato remoto*	*imperativo*
io parlo	parlavo	parlai	–
tu parli	parlavi	parlasti	parla
lui parla	parlava	parlò	parli
noi parliamo	parlavamo	parlammo	parliamo
voi parlate	parlavate	parlaste	parlate
loro parlano	parlavano	parlarono	parlino

congiuntivo presente	*congiuntivo imperfetto*
io parli	parlassi
tu parli	parlassi
lui parli	parlasse

noi parliamo	parlassimo
voi parliate	parlaste
loro parlino	parlassero

futuro	*condizionale*
io parlerò	parlerei
tu parlerai	parleresti
lui parlerà	parlerebbe
noi parleremo	parleremmo
voi parlerete	parlereste
loro parleranno	parlerebbero

regelmatige werkwoorden op -ere

Het voltooid deelwoord van regelmatige werkwoorden op *-ere* gaat uit op *-uto.*
Bijvoorbeeld *credere* ('geloven'):

ind. presente	*imperfetto*	*passato remoto*	*imperativo*
io credo	credevo	credei/credetti	–
tu credi	credevi	credesti	credi
lui crede	credeva	credè/credette	creda
noi crediamo	credevamo	credemmo	crediamo
voi credete	credevate	credeste	credete
loro credono	credevano	crederono/ credettero	credano

congiuntivo presente	*congiuntivo imperfetto*
io creda	credessi
tu creda	credessi
lui creda	credesse
noi crediamo	credessimo
voi crediate	credeste
loro credano	credessero

futuro	*condizionale*
io crederò	crederei
tu crederai	crederesti
lui crederà	crederebbe
noi crederemo	crederemmo
voi crederete	credereste
loro crederanno	crederebbero

regelmatige werkwoorden op -ire

Het voltooid deelwoord van regelmatige werkwoorden op *-ire* gaat uit op *-ito*.
Bijvoorbeeld *sentire* ('voelen', 'horen', 'ruiken'):

ind. presente	*imperfetto*	*passato remoto*	*imperativo*
io sento	sentivo	sentii	–
tu senti	sentivi	sentisti	senti
lui sente	sentiva	sentì	senta
noi sentiamo	sentivamo	sentimmo	sentiamo
voi sentite	sentivate	sentiste	sentite
loro sentono	sentivano	sentirono	sentano

congiuntivo presente	*congiuntivo imperfetto*
io senta	sentissi
tu senta	sentissi
lui senta	sentisse
noi sentiamo	sentissimo
voi sentiate	sentiste
loro sentano	sentissero

futuro	*condizionale*
io sentirò	sentirei
tu sentirai	sentiresti
lui sentirà	sentirebbe
noi sentiremo	sentiremmo
voi sentirete	sentireste
loro sentiranno	sentirebbero

In de *indicativo presente, congiuntivo presente* en de *imperativo* hebben de meeste werkwoorden in de derde groep het tussenvoegsel *-isc-* tussen de stam en uitgang (behalve eerste en tweede persoon meervoud), bijvoorbeeld bij *capire* ('begrijpen'):

ind. presente	*congiuntivo presente*	*imperativo*
io capisco	conosca	–
tu capisci	conosca	conosci
lui capisce	conosca	conosca
noi capiamo	conosciamo	conosciamo
voi capite	conosciate	conoscete
loro capiscono	conoscano	conoscano

De werkwoorden die, net als *sentire*, dit niet hebben zijn:

aprire ('openen')
avvertire ('waarschuwen')
bollire ('koken')
coprire ('bedekken')
cucire ('naaien')
dormire ('slapen')
fuggire ('vluchten')
partire ('vertrekken')
pentirsi ('berouw hebben')
seguire ('volgen')
servire ('dienen')
soffrire ('lijden')
vestire ('aankleden')
offrire ('aanbieden')

rekenen

+	più	2 + 3 = 5 (2 più 3 fa 5)
-	meno	5 – 2 = 3 (5 meno 2 fa tre)
*	per/volte	3 * 3 = 9 (3 per 3 fa 9) (3 volte 3 fa 9)
:	diviso	10 : 2 = 5 (10 diviso 2 fa 5)
=	fa	

richting , bijwoorden van plaats

Bijwoorden van plaats geven antwoord op de vraag 'Waarheen?' of 'Waar?'

qui/qua ('hier')
vicino ('dichtbij')
fuori ('buiten')
davanti ('voor')
sotto ('onder')
di fronte a ('tegenover')
in fondo a ('aan het eind')
lì/là ('daar')
lontano ('ver')
dentro ('binnen')
dietro ('achter')
sopra ('boven')
accanto a ('naast')

riconoscenza

La riconoscenza betekent 'de dankbaarheid'.

riconoscimento

Il riconoscimento betekent 'de erkenning', 'de vergoeding'.

ridere

Ridere betekent 'lachen'. Het hulpwerkwoord is *avere*, het voltooid deelwoord is *riso*. Voor vervoeging zie 'chiudere'.

riso

Riso is het onregelmatig voltooid deelwoord van *ridere* ('lachen'). Het hulpwerkwoord is *avere*.

Il riso betekent 'de lach'. Het onregelmatig meervoud is *le risa*. In het moderne Italiaans geeft men de voorkeur aan *la risata* (meervoud *le risate*).

Risorgimento

Il Risorgimento is het historisch proces van de Italiaanse eenwording en onafhankelijkheid. Dit begon in 1820 in Turijn, Milaan, Palermo en Napels, maar mislukte omdat de opstanden los van elkaar waren georganiseerd. De belangrijkste personen uit dit proces zijn Camillo Cavour, Giuseppe Mazzini en Giuseppe Garibaldi. Door een overeengekomen alliantie van Cavour en door de militaire acties van Garibaldi in Zuid-Italië werd de totale eenheid van Italië gerealiseerd onder leiding van het koningshuis van Savoie. Op 17 maart 1861 werd in Turijn het eerste parlement geïnstalleerd en werd de eenheid officieel uitgeroepen. Victor Emanuel van Savoie werd tot koning gekroond. Alleen Rome behoorde nog niet tot de eenheid. Dat duurde nog tot 1870.

rimanere

Rimanere is een onregelmatig werkwoord en betekent '(ver)blijven'. Het voltooid deelwoord is *rimasto*, het hulpwerkwoord is *essere*. *Rimanere* wordt ook als koppelwerkwoord gebruikt, het betekent dan 'zijn'.
Rimaniamo soddisfatti. – We zijn tevreden.
Net als bij *salire*, *valere* en *porre* wordt er een *-g-* ingelast voor de *o* van de eerste persoon enkelvoud en derde persoon meervoud.

ind. presente	*imperfetto*	*passato remoto*	*imperativo*
io rimango	rimanevo	rimasi	–
tu rimani	rimanevi	rimanesti	rimani
lui rimane	rimaneva	rimase	rimanga
noi rimaniamo	rimanevamo	rimanemmo	rimaniamo
voi rimanete	rimanevate	rimaneste	rimanete
loro rimangono	rimanevano	rimasero	rimangano

congiuntivo presente	*congiuntivo imperfetto*
io rimanga	rimanessi
tu rimanga	rimanessi
lui rimanga	rimanesse
noi rimaniamo	rimanessimo
voi rimaniate	rimaneste
loro rimangano	rimanessero

futuro	*condizionale*
io rimarrò	rimarrei
tu rimarrai	rimarresti
lui rimarrà	rimarrebbe
noi rimarremo	rimarremmo
voi rimarete	rimarreste
loro rimarranno	rimarrebbero

risolto

Risolto is het onregelmatig voltooid deelwoord van *risolvere* ('oplossen'). Het hulpwerkwoord is *avere.*

rispondere

Rispondere betekent 'antwoorden'. Het hulpwerkwoord is *avere,* het voltooid deelwoord is *risposto.*

ind. presente	*imperfetto*	*passato remoto*	*imperativo*
io rispondo	rispondevo	risposi	–
tu rispondi	rispondevi	rispondesti	rispondi
lui risponde	rispondeva	rispose	risponda
noi rispondiamo	rispondevamo	rispondemmo	rispondiamo
voi rispondete	rispondevate	rispondeste	rispondete
loro rispondono	rispondevano	risposero	rispondano

congiuntivo presente	*congiuntivo imperfetto*
io risponda	rispondessi
tu risponda	rispondessi
lui risponda	rispondesse
noi rispondiamo	rispondessimo
voi rispondiate	rispondeste
loro rispondano	rispondessero

futuro	*condizionale*
io risponderò	risponderei
tu risponderai	risponderesti
lui risponderà	risponderebbe
noi risponderemo	risponderemmo
voi risponderete	rispondereste
loro risponderanno	risponderebbero

risposto
Risposto is het onregelmatig voltooid deelwoord van *rispondere* ('antwoorden'). Het hulpwerkwoord is *avere.*

ritenere
Ritenere betekent 'inhouden' of 'vinden'. Het hulpwerkwoord is *avere,* het voltooid deelwoord is *ritenuto.* Voor vervoeging zie 'tenere'.

riuscire
Riuscire betekent 'erin slagen'. Het hulpwerkwoord is *essere,* het voltooid deelwoord is *riuscito.* Voor vervoeging zie 'uscire'.

rivieren
Rivieren zijn mannelijk in het Italiaans; er wordt namelijk *il fiume* bij gedacht.
il Po ('de Po'), il Tevere ('de Tiber'), il Reno ('de Rijn')
Een uitzondering is *la Senna* ('de Seine').

rompere
Rompere betekent 'breken'. Het hulpwerkwoord is *avere,* het voltooid deelwoord is *rotto.*

ind. presente	*imperfetto*	*passato remoto*	*imperativo*
io rompo	rompevo	ruppi	–
tu rompi	rompevi	rompesti	rompi
lui rompe	rompeva	ruppe	rompa
noi rompiamo	rompevamo	rompemmo	rompiamo
voi rompete	rompevate	rompeste	rompete
loro rompono	rompevano	ruppero	rompano

congiuntivo presente	*congiuntivo imperfetto*
io rompa	rompessi
tu rompa	rompessi
lui rompa	rompesse
noi rompiamo	rompessimo
voi rompiate	rompeste
loro rompano	rompessero

futuro	*condizionale*
io romperò	romperei
tu romperai	romperesti

lui romperà	romperebbe
noi romperemo	romperemmo
voi romperete	rompereste
loro romperanno	romperebbero

rotto

Rotto is het onregelmatig voltooid deelwoord van *rompere* ('breken'). Het hulpwerkwoord is *avere*.

S

s impura
Zie 'onzuivere s'.

sabato
Sabato betekent 'zaterdag'.

sabato di passione
Sabato di passione is de 'zaterdag voor Palmzondag'.

sabato santo
Sabato santo is 'paaszaterdag'.

salire
Salire betekent 'stijgen'. Het krijgt een *-g-* ingelast voor de *-o* van de eerste persoon enkelvoud en de derde persoon meervoud in de *indicativo presente*, en dus ook in de derde persoon enkelvoud en meervoud van de *imperativo* en het enkelvoud en derde persoon meervoud van de *congiuntivo presente*.

ind. presente	*imperfetto*	*passato remoto*	*imperativo*
io salgo	salivo	salii	–
tu sali	salaivi	salisti	sali
lui sale	saliva	salì	salga
noi saliamo	salivamo	salimmo	saliamo
voi salite	salivate	saliste	salite
loro salgono	salgano	salirono	salgano

congiuntivo presente	*congiuntivo imperfetto*
io salga	salissi
tu salga	salissi
lui salga	salisse
noi saliamo	salissimo
voi saliate	saliste
loro salgano	salissero

futuro	*condizionale*
io salirò	salirei
tu salirai	saliresti
lui salirà	salirebbe
noi saliremo	saliremmo
voi salirete	salireste
loro saliranno	salirebbero

Uitdrukking met *salire* zijn:
salire in settimo cielo – in de zevende hemel zijn

samengestelde tijden

Samengestelde tijden zijn alle tijden die mogelijk zijn met het voltooid deelwoord.

infinito passato:	aver parlato	gesproken hebben
gerundio passato:	avendo parlato	gesproken hebbende
passato prossimo:	ho parlato	ik heb gesproken
trapassato prossimo:	avevo parlato	ik had gesproken
congiuntivo passato:	abbia parlato	hij heeft gesproken
congiuntivo trapassato:	avessi parlato	hij had gesproken
trapassato remoto:	ebbi parlato	hij had gesproken
futuro anteriore:	avrò parlato	ik zal gesproken hebben
condizionale passato:	avrei parlato	ik zou gesproken hebben

samengestelde zinnen: hoofdzin + bijzin

Zie 'tijden in samengestelde zinnen'.

samentrekking voorzetsel + bepaald lidwoord

De voorzetsels *a, in, su, da* en *di* worden verbonden met het bepaald lidwoord tot één woord.
a + il = al

Schematisch:

	il	lo	la	l'	i	gli	le
a	al	allo	alla	all'	ai	agli	alle
da	dal	dallo	dalla	dall'	dai	dagli	dalle
di	del	dello	della	dell'	dei	degli	delle
in	nel	nello	nella	nell'	nei	negli	nelle
su	sul	sullo	sulla	sull'	sui	sugli	sulle

a + il = al:	Compro la frutta al mercato. – Ik koop fruit op de markt.
a + lo = allo:	Dice "ciao" allo zio. – Hij zegt 'hallo' tegen zijn oom.
a+ l' = all':	Tasera andiamo all'ospedale. – Vanavond gaan we naar het ziekenhuis.
a + i = ai:	La musica pop piace ai ragazzi. – Jongeren vinden popmuziek leuk.
a + gli = agli:	Scrive una lettera agli studenti. – Ze schrijft de studenten een brief.
a + la = alla:	Voglio una birra alla spina. – Ik wil een tapbiertje.
a + l' = all':	I negozi si chiudono all'una. – De winkels sluiten om één uur.
a + le = alle:	alle ore tre – om drie uur
di + il = del:	la ragazza del mio fratello – de vriendin van mijn broer
di + lo = dello:	il libro dello studente – het boek van de student
di + l' = dell':	le foglie dell'albero – de bladeren van de boom
di + i = dei:	Ha dei problemi seri. – Zij heeft ernstige problemen.
di + gli = degli:	la macchina degli amici milanesi – de auto van de Milanese vrienden.
di + la = della:	Lui è il fidanzato della mia sorella. – Hij is de verloofde van mijn zus.
di + l' = dell':	il film dell'attrice Kim Basinger – de film met de actrice Kim Basinger
di + le = delle:	una delle donne più famose – één van de bekendste vrouwen
in + il = nel:	Ci sono molti fiori nel giardino. – Er zijn veel bloemen in de tuin.
in + lo = nello:	nello stadio di calcio – in het voetbalstadion
in + l' = nell':	Nell'inverno fa freddo. – In de winter is het koud.
in + i = nei:	nei film vecchi – in de oude films
in + gli = negli:	guardare una ragazza negli occhi – een meisje in de ogen kijken
in + la = nella:	Ci sono state uccise tante persone nella strage. – Er zijn veel mensen omgekomen bij het bloedbad.
in + l' = nell':	Nell'antichità non c'era tv. – In de oudheid was er geen televisie.
in + le = nelle:	Mi piace andare nelle isole caraibe. – Ik ga graag naar de Caribische eilanden.
su + il = sul:	leggere sul giornale – in de krant lezen

su + lo = sullo: La torre guarda sullo stadio. – De toren kijkt uit op het stadion.
su + l' = sull': sull'esempio del maestro – naar het voorbeeld van de meester
su + i = sui: un uomo sui quarant'anni – een man van tegen de veertig
su + gli = sugli: uno studio sugli ebrei – een studie over de joden
su + la = sulla: La pianta è sulla tavola. – De plant staat op tafel.
su + l' = sull': leggere un articolo sull'Olanda – een artikel in de krant lezen
su + le = sulle: Penso spesso sulle cose della vita. – Ik denk vaak aan de dingen van het leven.
da + il = dal: È colpito dal fulmine. – Hij is getroffen door de bliksem.
da + lo = dallo: Va dallo psicologo. – Hij gaat naar de psycholoog.
da + l' = dall': Viene dall'ospedale. – Hij komt uit het ziekenhuis.
da + i = dai: Discendono dai Romani. – Ze stammen af van de Romeinen.
da + gli = dagli: diverso dagli altri – anders dan de anderen
da + la = dalla: Ricevo una lettera dalla mamma. – Ik ontvang een brief van mama.
da + l' = dall': dall'alba al tramonto – van zonsopkomst tot zonsondergang
da + le = dalle: l'uomo dalle mani grandi – de man met de grote handen

santo

Santo betekent 'heilig'. Het wordt afgekapt voor een mannelijke heilige met een medeklinker (behalve *s-impura*) en geëlideerd (zie 'elisie') bij heilige namen (zowel mannelijke en vrouwelijke die met een klinker beginnen):

San Giovanni
Santo Stefano
Sant'Antonio
Santa Maria
Sant'Agata

sapere

Sapere betekent 'weten'. Het voltooid deelwoord is *saputo*, het hulpwerkwoord is *avere*.

ind. presente	*imperfetto*	*passato remoto*	*imperativo*
io so	sapevo	seppi	–
tu sai	sapevi	sapesti	sappi
lui sa	sapeva	seppe	sappia
noi sappiamo	sapevamo	sapemmo	sappiamo
voi sapete	sapevate	sapeste	sappiate
loro sanno	sapevano	seppero	sappiano

congiuntivo presente	*congiuntivo imperfetto*
io sappia	sapessi
tu sappia	sapessi
lui sappia	sapesse
noi sappiamo	sapessimo
voi sappiate	sapeste
loro sappiano	sapessero

futuro	*condizionale*
io saprò	saprei
tu saprai	sapresti
lui saprà	saprebbe
noi sapremo	sapremmo
voi saprete	sapreste
loro sapranno	saprebbero

Uitdrukkingen met *sapere* zijn:
Chi lascia la via vecchia per la nuova sa quel che lascia ma non sa quel che trova. – Je weet wat je hebt, niet wat je krijgt.
Chi sa fa e chi non sa insegna. – De beste stuurlui staan aan wal.

sceglière

Scegliere betekent 'kiezen'. Het voltooid deelwoord is *scelto*, het hulpwerkwoord is *avere*. Het krijgt *-lg* in eerste persoon enkelvoud en derde persoon meervoud *indicativo presente* en de vervoegingen die daarvan zijn afgeleid.

ind. presente	*imperfetto*	*passato remoto*	*imperativo*
io scelgo	sceglievo	scelsi	–
tu scegli	sceglievi	scegliesti	scegli
lui sceglie	sceglieva	scelse	scelga
noi scegliamo	sceglievamo	scegliemmo	scegliamo
voi scegliete	sceglievate	sceglieste	scegliete
loro scelgono	sceglievano	scelsero	scelgano

congiuntivo presente	*congiuntivo imperfetto*
io scelga	scegliessi
tu scelga	scegliessi
lui scelga	scegliesse
noi scegliamo	scegliessimo
voi scegliate	sceglieste
loro scelgano	scegliessero

futuro	*condizionale*
io sceglierò	sceglierei
tu sceglierai	sceglieresti
lui sceglierà	sceglierebbe
noi sceglieremo	sceglieremmo
voi sceglierete	scegliereste
loro sceglieranno	sceglierebbero

scendere

Scendere betekent 'afdalen'. Voor vervoeging zie 'prendere'.

sceso

Sceso is het onregelmatig voltooid deelwoord van *scendere* ('afdalen').

schelen

'Schelen' kan op verschillende manieren worden vertaald:

- met *mancare*
  Mancava un pelo. – Het scheelde een haar.
- met *importarsi di*
  Non m'importa niente di. – Het kan me niks schelen.
- met *fregarsene di qualcosa* (let op: dit is grof taalgebruik!)
  Che me ne frego? – Wat kan het me schelen?

sciogliere

Sciogliere betekent 'losmaken' of 'smelten'. De vervoeging is gelijk aan *scegliere*.

sciolto

Sciolto is het onregelmatig voltooid deelwoord van *sciogliere*.

scorgere

Scorgere betekent 'opmerken'. Het hulpwerkwoord is *avere*, het voltooid deelwoord is *scorto*.

ind. presente	*imperfetto*	*passato remoto*	*imperativo*
io scorgo	scorgevo	scorsi	–
tu scorgi	scorgevi	scorgesti	–
lui scorge	scorgeva	scorse	–
noi scorgiamo	scorgevamo	scorgemmo	–
voi scorgete	scorgevate	scorgeste	–
loro scorgono	scorgevano	scorsero	–

congiuntivo presente	*congiuntivo imperfetto*
io scorga	scorgessi
tu scorga	scorgessi
lui scorga	scorgesse
noi scorgiamo	scorgessimo
voi scorgiate	scorgeste
loro scorgano	scorgessero

futuro	*condizionale*
io scorgerò	scorgerei
tu scorgerai	scorgeresti
lui scorgerà	scorgerebbe
noi scorgeremo	scorgeremmo
voi scorgerete	scorgereste
loro scorgeranno	scorgerebbero

scritto

Scritto is het onregelmatig voltooid deelwoord van *scrivere* ('schrijven'). Het hulpwerkwoord is *avere.*

scrivere

Scrivere betekent 'schrijven'.

ind. presente	*imperfetto*	*passato remoto*	*imperativo*
io scrivo	scrivevo	scrissi	–
tu scrivi	scrivevi	scrivesti	scrivi
lui scrive	scriveva	scrisse	scriva
noi scriviamo	scrivevamo	scrivemmo	scriviamo
voi scrivete	scrivevate	scriveste	scrivete
loro scrivono	scrivevano	scrissero	scrivano

congiuntivo presente	*congiuntivo imperfetto*
io scriva	scrivessi
tu scriva	scrivessi

lui scriva	scrivesse
noi scriviamo	scrivessimo
voi scriviate	scriveste
loro scrivano	scrivessero

futuro	*condizionale*
io scriverò	scriverei
tu scriverai	scriveresti
lui scriverà	scriverebbe
noi scriveremo	scriveremmo
voi scriverete	scrivereste
loro scriveranno	scriverebbero

scuotere

Scuotere betekent 'schudden'. Het hulpwerkwoord is *avere*, het voltooid deelwoord is *scosso*.
De *dittongo mobile -uo-* blijft niet in elke vorm behouden.

ind. presente	*imperfetto*	*passato remoto*	*imperativo*
io scuoto	scotevo	scossi	–
tu scuoti	scotevi	scotesti	scuoti
lui scuote	scoteva	scosse	scuota
noi scotiamo	scotevamo	scotemmo	scotiamo
voi scotete	scotevate	scoteste	scotete
loro scuotono	scotevano	scossero	scuotano

congiuntivo presente	*congiuntivo imperfetto*
io scuota	scotessi
tu scuota	scotessi
lui scuota	scotesse
noi scotiamo	scotessimo
voi scotiate	scoteste
loro scuotano	scotessero

futuro	*condizionale*
io scuoterò	scuoterei
tu scuoterai	scuoteresti
lui scuoterà	scuoterebbe
noi scuoteremo	scuoteremmo
voi scuoterete	scuotereste
loro scuoteranno	scuoterebbero

sedere

Sedere betekent 'zitten'. Het hulpwerkwoord is *essere*, het voltooid deelwoord is *seduto*. *Sedere* kent een *dittongo mobile -ie-* in enkele vervoegingen.

ind. presente	*imperfetto*	*passato remoto*	*imperativo*
io siedo	sedevo	sedetti	–
tu siedi	sedevi	sedesti	siedi
lui siede	sedeva	sedette	sieda
noi sediamo	sedevamo	sedemmo	sediamo
voi sedete	sedevate	sedeste	sedete
loro siedono	sedevano	sedettero	siedano

congiuntivo presente	*congiuntivo imperfetto*
io sieda	sedessi
tu sieda	sedessi
lui sieda	sedesse
noi sediamo	sedessimo
voi sediate	sedeste
loro siedano	sedessero

futuro	*condizionale*
io sederò	sederei
tu sederai	sederesti
lui sederà	sederebbe
noi sederemo	sederemmo
voi sederete	sedereste
loro sederanno	sederebbero

sedersi

Sedersi ('gaan zitten') is een wederkerend werkwoord en wordt hetzelfde vervoegd als *sedere*.

se lo, se la

Zie 'combinatie van persoonlijke voornaamwoorden'.

sé, se stesso

Zie 'wederkerend voornaamwoord'.

sempre

Sempre is een bijwoord en betekent 'altijd'.

senza dubbio

De bijwoordelijke uitdrukking *senza dubio* betekent 'zonder twijfel'.

settembre

Settembre betekent 'september'.

si

Zie 'wederkerend voornaamwoord'.

sì

Sì is een bijwoord van bevestiging en betekent 'ja'.

sia ... sia

Sia...sia betekent 'zowel...als'.
Ha invitato sia la nonna sia il nonno. – Hij heeft zowel oma als opa uitgenodigd.

sicuramente

Sicuramente is een bijwoord en betekent 'zeker' of 'vast en zeker'. Het geeft een bevestiging aan.

si indefinito

'Si' indefinito is een 'onbepaald onderwerp' dat zeer frequent gebruikt wordt en niet zo stijf klinkt als het Nederlandse 'men'.
Si parte alle nove. – Men vertrekt om negen uur.

- het werkwoord staat in de derde persoon enkelvoud
- bij samengestelde tijden (met voltooid deelwoord) wordt *essere* gebruikt
- indien het hoofdwerkwoord ook met *essere* wordt vervoegd, gaat het voltooid deelwoord uit op *-i*
  Si è partiti alle due. – Men is om 2 uur vertrokken.
  Partire heeft *essere* als hulpwerkwoord.
- indien het hoofdwerkwoord met *avere* wordt vervoegd, blijft het voltooid deelwoord onveranderlijk
  Si è lavorato tutta la settimana. – Men heeft het hele weekend gewerkt.
  Lavorare heeft *avere* als hulpwerkwoord.

si passivante

Si is geen onderwerp in de zin. De zinsconstructie komt overeen met die van de lijdende vorm, zonder dat er wordt aangegeven door wie/wat iets gebeurt.

Al mercato si vendono verdure. – Op de markt verkoopt men groenten.
Het (Nederlandse) lijdend voorwerp is hier onderwerp. (In het voorbeeld is *verdure* het onderwerp.) Het is net als een lijdende zin ('Al mercato vengono vendute verdure.' – 'Op de markt worden groenten verkocht') die in het Italiaans niet veel gebruikt wordt, in tegenstelling tot de *si-passivante*. Het hulpwerkwoord bij de *si passivante* is *essere*.

sopra

Sopra is een bijwoord van richting en betekent 'boven' of 'op'.

sotto

Sotto is een bijwoord van richting en betekent 'onder'.

sostantivo

Zie 'zelfstandig naamwoord'.

spegnere

Spegnere betekent 'blussen' of 'uitdoen'. Het hulpwerkwoord is *avere*, het voltooid deelwoord is *spento*.

ind. presente	*imperfetto*	*passato remoto*	*imperativo*
io spengo	spegnevo	spensi	–
tu spegni	spegnevi	spegnesti	spegni
lui spegne	spegneva	spense	spenga
noi spegniamo	spegnevamo	spegnemmo	spegniamo
voi spegnete	spegnevate	spegneste	spegnete
loro spengono	spegnevano	spensero	spengano

congiuntivo presente	*congiuntivo imperfetto*
io spenga	spegnessi
tu spenga	spegnessi
lui spenga	spegnesse
noi spegniamo	spegnessimo
voi spegniate	spegneste
loro spengano	spegnessero

futuro	*condizionale*
io spegnerò	spegnerei
tu spegnerai	spegneresti
lui spegnerà	spegnerebbe

noi spegneremo spegneremmo
voi spegnerete spegnereste
loro spegneranno spegnerebbero

spelling

De Italiaanse spelling is praktisch fonetisch en dus eenvoudig. Overbodige letters worden verwijderd; de *rh*, *th* en *ph* zijn al heel lang geleden veranderd in respectievelijk *r*, *t* en *f*.

spendere

Spendere betekent 'uitgeven'. Het hulpwerkwoord is *avere*, het voltooid deelwoord is *spento*. De vervoeging is gelijk aan 'Prendere'.

Een uitdrukking met *spendere* is:
Chi più spende meno spende. – Goedkoop is duurkoop.

speso

Speso is het onregelmatig voltooid deelwoord van *spendere* ('uitgeven', 'verkwisten'). Het hulpwerkwoord is *avere*.

spesso

Het bijwoord *spesso* betekent 'vaak' of, als bijvoeglijk naamwoord, 'dik' (niet van personen').
un muro spesso – een dikke muur

spinto

Spinto is het onregelmatig voltooid deelwoord van *spingere* ('duwen').

staan, zijn, liggen, etc.

Zie 'essere, esserci'.

In tegenstelling tot in het Nederlands volstaat men in het Italiaans met het noemen van 'het zich ergens bevinden' zonder in te gaan op de manier 'hoe', of 'in welke toestand'.
Nell'armadio ci sono molti asciugamani. – In de kast liggen veel handdoeken.
L'albero è nel giardino. – De boom staat in de tuin.

stam van werkwoord

De stam van het werkwoord is de *infinito* minus *-are*, *-ire* of *-ere*. Hierachter komen dan de persoonsvormen van de vervoegingen.

parlare – parl-	parl- o
	parl- i
	parl- a
	parl- iamo
	parl- ate
	parl- ano

stare

Stare betekent 'zich in een bepaalde toestand bevinden'. Het voltooid deelwoord is *stato*, het hulpwerkwoord is *essere*.
stare in piedi – rechtop staan
stare sdraiato – liggen
stare bene – het goed maken

ind. presente	*imperfetto*	*passato remoto*	*imperativo*
io sto	stavo	stetti	–
tu stai	stavi	stesti	sta
lui sta	stava	stette	stia
noi stiamo	stavamo	stemmo	stiamo
voi state	stavate	steste	state
loro stanno	stavano	stettero	stiano

congiuntivo presente	*congiuntivo imperfetto*
io stia	stessi
tu stia	stessi
lui stia	stesse
noi stiamo	stessimo
voi stiate	steste
loro stiano	stessero

futuro	*condizionale*
io starò	starei
tu starai	staresti
lui starà	starebbe
noi staremo	staremmo
voi starete	stareste
loro staranno	starebbero

stare + gerundio

Stare + gerundio geeft aan dat iets juist aan de gang is. Voor de vorming van het gerundio, zie 'gerundio'.
Sto parlando. – Ik ben aan het eten.

stare per + onbepaalde wijs

Stare per + onbepaalde wijs geeft aan dat iets op het punt staat te gebeuren. Voor de vervoeging van *stare*, zie 'stare'.
Sto per partire. – Ik sta op het punt te vertrekken.
Sta per piovere. – Het gaat zo regenen.

steden

Namen van steden worden met hoofdletter geschreven en zijn vrouwelijk, want er wordt *la città* bij gedacht. Een uitzondering is *il Cairo*.

stellende trap

'Even...als' kan op de volgende manieren worden vertaald:
- (così)...come L'uomo è (così) brutto come ricco. – De man is even lelijk als rijk.
- (tanto)...quanto L'uomo è (tanto) brutto quanto ricco.
  Così en *tanto* worden meestal weggelaten, maar kunnen erbij genoemd worden om meer nadruk te leggen.

Tanto en *quanto* kunnen ook bijvoeglijk gebruikt worden. In dat geval passen getal en geslacht zich aan aan het desbetreffende zelfstandig naamwoord.
Carlo ha tanti soldi quanti ne ho io. – Carlo heeft net zoveel geld als ik.
Carlo ha tanti libri quante riviste. – Carlo heeft net zoveel boeken als tijdschriften.
Il latte olandese è (tanto) buono come quello italiano. – De Nederlandse melk is net zo goed als de Italiaanse.
Il mercato francese è (così) difficile come quello tedesco. – De Franse markt is net zo moeilijk als de Duitse.

su

Su is een voorzetsel en betekent 'op' of 'over'. Het volgt vaak na werkwoorden van beweging.
andare su/salire su – naar boven gaan
camminare su – naar boven lopen

Het wordt ook als aansporing gebruikt en betekent dan 'vooruit'.
Andiamo, su! – Vooruit, laten we gaan!

Ook kan *su* 'in' betekenen:
leggere sul giornale – in de krant lezen

subito
Het bijwoord *subito* betekent 'meteen'.

succedere
Succedere betekent 'gebeuren'. Het hulpwerkwoord is *essere*, het voltooid deelwoord is *successo*.

ind. presente	*imperfetto*	*passato remoto*	*imperativo*
io succedo	succedevo	successi/ succedei	–
tu succedi	succedevi	succedesti	succedi
lui succede	succedeva	successe	succeda
noi succediamo	succedevamo	succedemmo	succediamo
voi succedete	succedevate	succedeste	succedete
loro succedono	succedevano	successero	succedano

congiuntivo presente	*congiuntivo imperfetto*
io succeda	succedessi
tu succeda	succedessi
lui succeda	succedesse
noi succediamo	succedessimo
voi succediate	succedeste
loro succedano	succedessero

futuro	*condizionale*
io succederò	succederei
tu succederai	succederesti
lui succederà	succederebbe
noi succederemo	succederemmo
voi succederete	succedereste
loro succederanno	succederebbero

sul, sulla
Sul en *sulla* betekenen 'op de' of 'op het'.
Zie ook 'samentrekking van het voorzetsel met bepaald lidwoord'.

suffissi
Zie 'achtervoegsels'.

suo, sua
Zie 'bezittelijk voornaamwoord'.

superlativo assoluto
Zie 'absolute overtreffende trap'.

superlativo relativo
Zie 'vergelijkende overtreffende trap'.

T

tacere

Tacere betekent 'zwijgen' en heeft *-cci-* in eerste persoon enkelvoud en derde persoon meervoud van de *indicativo presente*. Het voltooid deelwoord is *taciuto*, het hulpwerkwoord is *avere*.

ind. presente	*imperfetto*	*passato remoto*	*imperativo*
io taccio	tacevo	tacqui	–
tu taci	tacevi	tacesti	taci
lui tace	taceva	tacque	taccia
noi taciamo	tacevamo	tacemmo	taciamo
voi tacete	tacevate	taceste	tacete
loro tacciono	tacevano	tacquero	tacciano

congiuntivo presente	*congiuntivo imperfetto*
io taccia	tacessi
tu taccia	tacessi
lui taccia	tacesse
noi tacciamo	tacessimo
voi tacciate	taceste
loro tacciano	tacessero

futuro	*condizionale*
io tacerò	tacerei
tu tacerai	taceresti
lui tacerà	tacerebbe
noi taceremo	taceremmo
voi tacerete	tacereste
loro taceranno	tacerebbero

talvolta

Talvolta betekent 'soms' of 'af en toe'. Het is een bijwoord van tijd.

tangenti

Tangenti zijn 'steekpenningen'.

tangentopoli

Tangentopoli is een neologisme en staat voor het hele schandaal van de omkooppraktijken in bedrijfsleven en openbaar bestuur. De term werd voor het eerst door journalisten gebruikt. Het is een niet-bestaande samenvoeging van *tangenti* ('steekpenningen') en *monopolo* ('grote stad').

tanto ... quanto

Zie 'comparativo di uguaglianza' en 'stellende trap'.

tardi

Tardi is een bijwoord van tijd en betekent 'laat'.

te

Zie 'troppo', 'persoonlijk voornaamwoord als lijdend voorwerp' en 'persoonlijk voornaamwoord als meewerkend voorwerp'.

te lo, te la

Zie 'combinaties van persoonlijke voornaamwoorden'.

tegenwoordige tijd

Zie 'indicativo presente'.

telecrazia

Telecrazia is een neologisme. Met *telecrazia* wordt het vermogen van de televisie om de publieke opinie te beïnvloeden bedoeld.

telefoonalfabet

A come Ancona	J come Jersey	S come Savona
B come Bologna	K come Kursaal	T come Torino
C come Como	L come Livorno	U come Udine
D come Domodossola	M come Milano	V come Venezia
E come Empoli	N come Napoli	W come Washington
F come Firenze	O come Otranto	X come Xeres
G come Genova	P come Padova	Y come Yacht
H come Hotel	Q come Quarto	Z come Zara
I come Imola	R come Roma	

telwoorden

Zie 'collectieve telwoorden', 'breukgetallen', 'hoofdtelwoorden', 'rangtelwoorden' en 'veelvouden'.

temere
Temere betekent 'vrezen'. Voor de vervoeging zie 'regelmatig werkwoord op -ere'.

tenere
Tenere betekent 'houden'. Het is een onregelmatig werkwoord. Het krijgt *-ng-* in eerste persoon enkelvoud en derde persoon meervoud *indicativo presente* en bovendien een *dittongo mobile* in de tweede en derde persoon enkelvoud. Het voltooid deelwoord is *tenuto*, het hulpwerkwoord is *avere*.

ind. presente	*imperfetto*	*passato remoto*	*imperativo*
io tengo	tenevo	tenni	–
tu tieni	tenevi	tenesti	tieni
lui tiene	teneva	tenne	tenga
noi teniamo	tenevamo	tenemmo	teniamo
voi tenete	tenevate	teneste	tenete
loro tengono	tenevano	tennero	tengano

congiuntivo presente	*congiuntivo imperfetto*
io tenga	tenessi
tu tenga	tenessi
lui tenga	tenesse
noi teniamo	tenessimo
voi teniate	teneste
loro tengano	tenessero

futuro	*condizionale*
io terrò	terrei
tu terrai	terresti
lui terrà	terrebbe
noi terremo	terremmo
voi terrete	terreste
loro terranno	terrebbero

ten slotte
'Ten slotte' wordt vertaald door *finalmente* of *alla fine* (in de betekenis van 'eindelijk').
Finalmente è arrivato! La sto aspettando già da un'ora! – Eindelijk bent u er! Ik sta al een uur op u te wachten!
In de betekenis van 'welbeschouwd' of 'kortom' wordt het vertaald als *infine, insomma* of *in fondo*:

Infine tutto è stato una grande avventura. – Welbeschouwd was alles een groot avontuur.

tenzij
'Tenzij' wordt vertaald als *a meno che non + congiuntivo.*
Possono venire tutti i tuoi amici a meno che non gridino! – Al jouw vrienden mogen komen tenzij ze gillen!

terrone
Terrone wordt door Noord-Italianen als scheldwoord gebruikt voor Zuid-Italianen. Zij op hun beurt noemen de Noord-Italianen *polentoni,* naar *polenta,* een veel gegeten gerecht in Noord-Italië.

ti
Zie 'persoonlijk voornaamwoord als lijdend voorwerp', 'persoonlijk voornaamwoord als meewerkend voorwerp' en 'wederkerend voornaamwoord'.

tijd
Zie 'dagen van de week' en 'maanden'.

tijden in samengestelde zinnen, met hoofdzin in tegenwoordige tijd en bijzin in *indicativo*
hoofdzin/bijzin
- tegenwoordige tijd – eerder (*passato prossimo*)
  Vedo che ha fatto la spesa. – Ik zie dat hij boodschappen heeft gedaan.
- gelijktijdig – *presente*
  Vedo che guardi la tv. – Ik zie dat je televisie kijkt.
- later – *futuro/presente*
  Vedo che uscirà/esce. – Ik zie dat hij uitgaat.

tijden in samengestelde zinnen, met hoofdzin in verleden tijd en bijzin in *indicativo*
hoofdzin/bijzin
- verleden tijd – eerder (*trapass. prossimo*)
  Vedevo che aveva fatto la spesa. – Ik zag dat hij boodschappen had gedaan.
- gelijktijdig – (*imperfetto*)
  Vedevo che guardavi la tv. – Ik zag dat je televisie aan het kijken was.
- later – *condizionale passato/imperfetto*
  Vedevo che sarebbe uscito/usciva. – Ik zag dat hij zou uitgaan.

tijden in samengestelde zinnen, met hoofdzin in tegenwoordige tijd en bijzin in congiuntivo

hoofdzin/bijzin

- tegenwoordige tijd – eerder (*congiuntivo passato*)
  Credo che abbia fatto la spesa. – Ik geloof dat hij boodschappen heeft gedaan.
- gelijktijdig – *congiuntivo presente*
  Credo che guardi la tv. – Ik geloof dat hij televisie kijkt.
- later – *futuro/congiuntivo presente*
  Credo che uscirà/esca. – Ik geloof dat hij uitgaat.

tijden in samengestelde zinnen, met hoofdzin in verleden tijd en bijzin in congiuntivo

hoofdzin/bijzin

- verleden tijd – eerder (*congiuntivo trapass.*)
  Credevo che avesse fatto la spesa. – Ik geloofde dat hij boodschappen had gedaan.
- gelijktijdig – *congiuntivo imperfetto*
  Credevo che guardasse la tv. – Ik geloofde dat hij tv aan het kijken was.
- later – *condizionale passato/congiuntivo imperfetto*
  Credevo che fosse uscito/uscisse. – Ik geloofde dat hij uitging.

tijdsaanduiding

over: fra/tra	fra due giorni – over twee dagen
geleden: fa	due giorni fa – twee dagen geleden
sinds: da	da due giorni – sinds twee dagen

tijd op de klok

Vragen naar de tijd:
Che ora è? (enkelvoud) of
Che ore sono? (meervoud)
Eigenlijk vraagt een Italiaan 'welk uur is het' of 'welke uren zijn het?' Ook in het antwoord staat het werkwoord *essere*:
È l'una. – Het is 1 uur.
Omdat het 1 uur is, staat het werkwoord in het enkelvoud.
Sono le due. – Het is 2 uur.
Let op: het werkwoord staat in het meervoud omdat het om meer dan 1 uur gaat. Het vrouwelijk bepaald lidwoord staat voor de tijd, dit slaat namelijk op het woord *ora*, dat vrouwelijk is.
Bijzonderheden:

- van het hele naar het halve uur tel je de tijd bij het hele uur op

Het is 10 over 3. – Sono le tre e dieci.

- van het halve naar het hele uur trek je de tijd van het volgend uur af

Het is 10 voor 4. – Sono le quattro meno dieci.

- 12 uur 's middags wordt vertaald met *il mezzogiorno* of *le dodici.*
- 12 uur 's nachts wordt vertaald met *la mezzanotte* of *le ore zero* of *le ventiquattro.*

3 uur – le tre
5 over drie – le tre e cinque
10 over 3 – le tre e dieci
kwart over 3 – le tre e un quarto
10 voor half 4 – le tre e venti
5 voor half 4 – le tre e venticinque
half 4 – le tre e mezzo
5 over half 4 – le quattro meno venticinque
10 over half 4 – le quattro meno venti
kwart voor 4 – le quattro meno un quarto
10 voor 4 – le quattro meno dieci
5 voor 4 – le quattro meno cinque
4 uur – le quattro

titels

Titels worden in het Italiaans in de aanspreekvorm meer gebruikt dan in het Nederlands. Het is gebruikelijk om iemand aan te spreken met *dottore, ingegnere, professore* of *avvocato*, gevolgd door zijn/haar naam, wanneer die persoon die titel heeft. Parlementariërs worden doorgaans met *onorevole* aangesproken. Dit geldt natuurlijk ook voor de vrouwelijke varianten *dottoressa* en *professoressa.*

togliere

Togliere betekent '(weg)nemen' of 'uittrekken'. Het is een onregelmatig werkwoord en heeft als voltooid deelwoord *tolto* en als hulpwerkwoord *avere*. De vervoeging is gelijk aan *cogliere.*

tolto

Tolto is het onregelmatig voltooid deelwoord van *togliere.*

tra

Zie 'fra, voorzetsel'.

trappen van vergelijking

Zie ook 'stellende trap', 'vergrotende trap', 'absoluut overtreffende trap' en 'overtreffende trap'.

- Stellende trap: 'even...als'
  Sono (così) gentile come lui. – Ik ben net zo aardig als hij.
- Vergrotende trap: 'meer', 'minder'
  Sono più gentile di lui. – Ik ben aardiger dan hij.
- Overtreffende trap: 'het meest', 'het minst'
  Sono il più gentile ragazzo della scuola. – Ik ben de aardigste jongen van de school.
- Absoluut overtreffende trap: 'heel erg'
  Sono gentilissimo. – Ik ben heel erg aardig.

trarre

Trarre betekent 'trekken'. Het hulpwerkwoord is *avere*, het voltooid deelwoord is *tratto*.

ind. presente	*imperfetto*	*passato remoto*	*imperativo*
io traggo	traevo	trassi	–
tu trai	traevi	traesti	trai
lui trae	traeva	trasse	tragga
noi traiamo	traevamo	traemmo	traiamo
voi traete	traevate	traeste	traete
loro traggono	traevano	trassero	traggano

congiuntivo presente	*congiuntivo imperfetto*
io tragga	traessi
tu tragga	traessi
lui tragga	traesse
noi traiamo	traessimo
voi traiate	traeste
loro traggano	traessero

futuro	*condizionale*
io trarrò	trarrei
tu trarrai	trarresti
lui trarrà	trarrebbe
noi trarremo	trarremmo
voi trarrete	trarreste
loro trarranno	trarrebbero

troppo
Troppo is een bijwoord van hoeveelheid en betekent 'hoeveel'. Het is onveranderlijk.
Carolina, sei troppo gentile. – Carolina, je bent te aardig!
In de betekenis van 'te veel' (onbepaald voornaamwoord) volgt het de regels van het bijvoeglijk naamwoord.
No, grazie, ho già bevuto troppo. – Nee dank u, ik heb al te veel gedronken.
Troppe sigarette ti faranno male. – Te veel sigaretten maken je ziek.

tu
Zie 'persoonlijk voornaamwoord'.

tuo, tua
Zie 'bezittelijk voornaamwoord'.

tussenvoegsel ***-isc-***
Zie 'regelmatige werkwoorden op -ire'.

tuttavia
Het voegwoord *tuttavia* betekent 'toch'. Het hoeft niet per se aan het begin van de zin te staan, maar kan ook na de eerste woorden in een zin staan.
Toch is het een zielig verhaal. – È tuttavia una storia triste. of: Tuttavia, è una storia triste.

tutto
Tutto betekent 'alle' of 'alles' en kan zowel zelfstandig als bijvoeglijk worden gebruikt.

tweeklank
In het Italiaans heet de tweeklank *dittongo*. Het vormt één lettergreep, maar de letters worden afzonderlijk en na elkaar uitgesproken. Eén van de klinkers is een onbeklemtoonde *i* of *u*. Bijvoorbeeld: fiore, Europa.
De andere klinker moet wel beklemtoond zijn, anders is er geen sprake van een tweeklank. Bijvoorbeeld: zio.
De uitspraak ligt tussen een klinker en medeklinker in. De *i* klinkt bijna als een *j*, en de *u* klinkt bijna als een *w*.

U

u

Zie 'tweeklank'.

uccidere

Het hulpwerkwoord van *uccidere* ('vermoorden') is *avere*, het voltooid deelwoord is *ucciso*.

ind. presente	*imperfetto*	*passato remoto*	*imperativo*
io uccido	uccidevo	uccisi	–
tu uccidi	uccidevi	uccidesti	uccidi
lui uccide	uccideva	uccise	uccida
noi uccidiamo	uccidevamo	uccidemmo	uccidiamo
voi uccidete	uccidevate	uccideste	uccidete
loro uccidono	uccidevano	uccisero	uccidano

congiuntivo presente	*congiuntivo imperfetto*
io uccida	uccidessi
tu uccida	uccidessi
lui uccida	uccidesse
noi uccidiamo	uccidessimo
voi uccidiate	uccideste
loro uccidano	uccidessero

futuro	*condizionale*
io ucciderò	ucciderei
tu ucciderai	uccideresti
lui ucciderà	ucciderebbe
noi uccideremo	uccideremmo
voi ucciderete	uccidereste
loro uccideranno	ucciderebbero

ucciso

Ucciso is het onregelmatig voltooid deelwoord van *uccidere* ('vermoorden'). Het hulpwerkwoord is *avere*.

udire

Udire betekent 'horen'. Het hulpwerkwoord is *avere*, het voltooid deelwoord is *udito*.

ind. presente	*imperfetto*	*passato remoto*	*imperativo*
io odo	udivo	udii	–
tu odi	udivi	udisti	odi
lui ode	udiva	udì	oda
noi udiamo	udivamo	udimmo	udiamo
voi udite	udivate	udiste	udite
loro odono	udivano	udirono	odano

congiuntivo presente	*congiuntivo imperfetto*
io oda	udissi
tu oda	udissi
lui oda	udisse
noi udiamo	udissimo
voi udiate	udiste
loro odano	udissero

futuro	*condizionale*
io udirò/ udrò	udirei/udrei
tu udirai	udiresti
lui udirà	udirebbe
noi udiremo	udiremmo
voi udirete	udireste
loro udiranno	udirebbero

uitdrukkingen met bezittelijk voornaamwoord zonder lidwoord

a mio parere – naar mijn mening
a suo tempo – te zijner tijd
a casa mia – bij mij thuis
da parte mia – uit mijn naam, van mij
per colpa tua – door jouw schuld
a modo suo – op zijn manier

uitdrukkingen zonder zelfstandig naamwoord

Uitdrukkingen zonder zelfstandig naamwoord komen veelal voor in familiair taalgebruik. Het zelfstandig naamwoord wordt bekend verondersteld (meestal is dat *cosa, storia, maniera* etc.) en vervangen door *la* of alleen het bezittelijk voornaamwoord.

farcela – het klaarspelen: Ce l'ho fatta. – Het is me gelukt.
cavarsela (bene) – het er (goed) vanaf brengen
godersela – zich vermaken
i miei – mijn ouders

uitgang

Zie 'bezittelijk voornaamwoord', 'bijvoeglijk naamwoord' en 'werkwoord'.

uitroepen

In uitroepen maakt men vaak gebruik van een vraagwoord:
Quanto mangia! – Wat eet hij veel!
Che bel film! – Wat een mooie film!
Come/Quanto sei bella! – Wat ben je mooi!

un, una

Zie 'onbepaald lidwoord' en 'telwoord'.

un po', poco

De bijwoordelijke uitdrukking *un po'* of *poco* betekent 'een beetje'.

uscire

Uscire ('uitgaan') kent een onregelmatige tegenwoordige tijd. Het voltooid deelwoord is *uscito*, het hulpwerkwoord is *essere*.

ind. presente	*imperfetto*	*passato remoto*	*imperativo*
io esco	uscivo	uscii	–
tu esci	uscivi	uscisti	esci
lui esce	usciva	uscì	esca
noi usciamo	uscivamo	uscimmo	usciamo
voi uscite	uscivate	usciste	uscite
loro escono	uscivano	uscirono	escano

congiuntivo presente	*congiuntivo imperfetto*
io esca	uscissi
tu esca	uscissi
lui esca	uscisse
noi usciamo	uscissimo
voi usciate	usciste
loro escano	uscissero

futuro	*condizionale*
io uscirò	uscirei
tu uscirai	usciresti
lui uscirà	uscirebbe
noi usciremo	usciremmo
voi uscirete	uscireste
loro usciranno	uscirebbero

uren

Bij het aangeven van de tijd denkt men altijd *ore* erbij, maar men zegt het meestal niet. Wel wordt dan het vrouwelijk bepaald lidwoord gebruikt.
Che ore sono? Sono le dieci e venti. – Hoe laat is het? Het is tien voor half elf.

Zie ook 'tijd'.

V

v

De *v* wordt wordt uitgesproken als *vu*, en neigt daarbij naar een *w*.

valere

Valere betekent 'waard zijn'. Het hulpwerkwoord is *avere*, het voltooid deelwoord is *valso*.

ind. presente	*imperfetto*	*passato remoto*	*imperativo*
io valgo	valevo	valsi	–
tu vali	valevi	valesti	vali
lui vale	valeva	valse	valga
noi valiamo	valevamo	valemmo	valiamo
voi valete	valevate	valeste	valete
loro valgono	valevano	valsero	valgano

congiuntivo presente	*congiuntivo imperfetto*
io valga	valessi
tu valga	valessi
lui valga	valesse
noi valiamo	valessimo
voi valiate	valeste
loro valgano	valessero

futuro	*condizionale*
io varrò	varrei
tu varrai	varresti
lui varrà	varrebbe
noi varremo	varremmo
voi varrete	varreste
loro varranno	varrebbero

vedere

Vedere ('zien') heeft als voltooid deelwoord *visto* en als hulpwerkwoord *avere*.

ind. presente	*imperfetto*	*passato remoto*	*imperativo*
io vedo	vedevo	vidi	–
tu vedi	vedevi	vedesti	vedi
lui vede	vedeva	vide	veda
noi vediamo	vedevamo	vedemmo	vediamo
voi vedete	vedevate	vedeste	vedete
loro vedono	vedevano	videro	vedano

congiuntivo presente	*congiuntivo imperfetto*
io veda	vedessi
tu veda	vedessi
lui veda	vedesse
noi vediamo	vedessimo
voi vediate	vedeste
loro vedano	vedessero

futuro	*condizionale*
io vedrò	vedrei
tu vedrai	vedresti
lui vedrà	vedrebbe
noi vedremo	vedremmo
voi vedrete	vedreste
loro vedranno	vedrebbero

Een uitdrukking met *vedere* is:
Vedere e non toccare è una cosa da crepare. – Het is moeilijk om iets te bekijken en niet aan te raken.

veelvouden

De veelvouden van de telwoorden 2, 3 en 4 hebben een eigen vorm: *doppio* ('tweevoud'), *triplo* ('drievoud') en *quadruplo* ('viervoud'). Vanaf vijfvoud is de constructie *cinque volte maggiore, sei volte maggiore, sette volte maggiore* etc.

ve lo, ve la

Zie 'combinatie van persoonlijke voornaamwoorden'.

venerdì

Venerdì betekent 'vrijdag'.

venerdì santo

Venerdì santo betekent 'Goede Vrijdag'.

venire

Venire ('komen') is een onregelmatig werkwoord. Het voltooid deelwoord is *venuto*, het hulpwerkwoord is *essere*.

ind. presente	*imperfetto*	*passato remoto*	*imperativo*
io vengo	venivo	venni	–
tu vieni	venivi	venisti	vieni
lui viene	veniva	venne	venga
noi veniamo	venivamo	venimmo	veniamo
voi venite	venivate	veniste	venite
loro vengono	venivano	vennero	vengano

congiuntivo presente	*congiuntivo imperfetto*
io venga	venissi
tu venga	venissi
lui venga	venisse
noi veniamo	venissimo
voi veniate	veniste
loro vengano	venissero

futuro	*condizionale*
io verrò	verrei
tu verrai	verresti
lui verrà	verebbe
noi verremo	verremmo
voi verrete	verreste
loro verranno	verrebbero

ventina

Ventina is een collectief telwoord en betekent 'een stuk of twintig'. De uitgang -ina wordt bij tientallen gebruikt om hoeveelheden bij benadering aan te geven.

verbo

Zie 'werkwoord'.

verbi ausiliari

Zie 'hulpwerkwoorden'.

verdubbeling

De woorden *a, da, su, sopra* en i veroorzaken een verdubbeling van de beginmedeklinker van het woord waar ze aan vastgeplakt wor-

den: *avvenire, daccapo, suddetto, sopravvivere, frattanto, soprattutto.*
Hetzelfde gebeurt met *e, o, nè, se* en *così*: *eppure, oppure, cosicchè.*

vergelijkende overtreffende trap en verkleinende trap

De vergelijkende overtreffende trap en verkleinende trap (*comparativo di maggioranza e minoranza*) wordt gebruikt bij vergelijkingen met andere personen of zaken. Het wordt als volgt gevormd: het bepaald lidwoord + *più/meno* + bijvoeglijk naamwoord + *di/tra* of *fra* (+ lidwoord + zelfstandig naamwoord.
La mia macchina è la più bella di tutte. – Mijn auto is de mooiste van allemaal.
Het bepaald lidwoord geeft hier aan dat het om een overtreffing gaat en niet slechts om een vergroting.
La mia macchina è più bella della tua. – Mijn auto is mooier dan die van jou.
Questo risultato è il meno soddisfacente degli ultimi anni. – Dit resultaat is het minst bevredigend van de afgelopen jaren.

vergelijking

Zie 'stellende trap: *even ... als*' en 'vergrotende trap'.

vergrotende trap

Bij een vergrotende trap gaat het altijd om een vergelijking, zonder dat altijd de persoon of zaak expliciet genoemd wordt. 'Dan' wordt in het Italiaans met *di* vertaald, en er wordt *più* of *meno* voor het bijvoeglijk naamwoord gezet.
Dus: *più/meno* + bijvoeglijk naamwoord/bijwoord + *di.*
Peter è meno intelligente di suo fratello. – Peter is minder intelligent dan zijn broer.
Il prodott è meno importante del cliente. – Het product is minder belangrijk dan de klant.
Echter: wanneer 'dan' tussen twee woorden staat die tot dezelfde woordsoort behoren, of wanneer er een voorzetsel volgt, gebruikt men *che.*
Peter è meno intelligente che bello. – Peter is minder intelligent dan knap.
Il vino italiano è meno caro che buono. – Italiaanse wijn is minder duur dan lekker.
C'erano più raggazze che ragazzi. – Er waren meer meisjes dan jongens.

Il negozio vende più cd che video cassette. – De winkel verkoopt meer cd's dan videobanden.
C'era più luce in casa che in piazza. – Er was meer licht in huis dan op het plein.
Tratto più volentier con lui che con il signor Merlo. – Ik heb liever met hem te maken dan met de heer Merlo.

Sommige bijvoeglijke naamwoorden hebben twee vormen in de vergrotende trap:
buono – *più buono* (morele zaken) of *migliore*
cattivo – *più cattivo* (bij morele zaken) of *peggiore*
grande – *più grande* (bij afmetingen) of *maggiore*
piccolo – *più piccolo* (bij afmetingen) of *minore*
alto – *più alto* (bij afmetingen) of *superiore*
basso – *più basso* (bij afmetingen) – *inferiore*

Er zijn ook bijvoeglijke naamwoorden die in de vergrotende trap geen positieve vorm kennen en alleen in de vergrotende en overtreffende trap voorkomen:
inferiore – infimo
superiore – supremo/ sommo
ulteriore – ultimo
posteriore – (postumo)

Enkele bijwoorden met een aparte vorm in de vergrotende trap zijn:
bene – meglio
male – peggio
molto – più
poco – meno

verkorte bijzinnen

Bijzinnen kunnen worden vervangen door constructies met het voltooid deelwoord, ook als de hoofdzin en bijzin niet hetzelfde onderwerp hebben.
Arrivato papà, la mamma era contenta. / Dopo che papà era arrivata, la mamma era contenta. – Toen papa gearriveerd was, was mama tevreden.
Letto l'articolo, è subito scoppiato in lacrime. / Dopo che aveva letto l'articolo.– Nadat hij het artikel gelezen had, barstte hij in tranen uit.
Caduto dal tetto, aveva molto dolore. / Perché era caduto dal tetto,

aveva molto dolore. – Omdat hij van het dak was gevallen, had hij veel pijn.

vervoeging

Zie 'werkwoorden'.

vi

Zie 'persoonlijk voornaamwoord als lijdend voorwerp', 'persoonlijk voornaamwoord als meewerkend voorwerp' en 'wederkerend voornaamwoord'.

vicino

Vicino is een bijwoord van plaats en betekent 'dichtbij'.
qui vicino – in de buurt

vincere

Vincere betekent 'winnen'. Het voltooid deelwoord is *vinto*, het hulpwerkwoord is *avere*.

ind. presente	*imperfetto*	*passato remoto*	*imperativo*
io vinco	vincevo	vinsi	–
tu vinci	vincevi	vincesti	vinci
lui vince	vinceva	vinse	vinca
noi vinciamo	vincevamo	vincemmo	vinciamo
voi vincete	vincevate	vinceste	vincete
loro vincono	vincevano	vinsero	vincano

congiuntivo presente	*congiuntivo imperfetto*
io vinca	vincessi
tu vinca	vincessi
lui vinca	vincesse
noi vinciamo	vincessimo
voi vinciate	vinceste
loro vincano	vincessero

futuro	*condizionale*
io vincerò	vincerei
tu vincerai	vinceresti
lui vincerà	vincerebbe
noi vinceremo	vinceremmo
voi vincerete	vincereste
loro vinceranno	vincerebbero

vinto

Vinto is het onregelmatig voltooid deelwoord van *vincere* ('winnen').

vivere

Vivere betekent 'leven' of 'wonen'. Het voltooid deelwoord is *vissuto*, het hulpwerkwoord is *avere*.

ind. presente	*imperfetto*	*passato remoto*	*imperativo*
io vivo	vivevo	vissi	–
tu vivi	vivevi	vivesti	vivi
lui vive	viveva	visse	viva
noi viviamo	vivevamo	vivemmo	viviamo
voi vivete	vivevate	viveste	vivete
loro vivono	vivevano	vissero	vivano

congiuntivo presente	*congiuntivo imperfetto*
io viva	vivessi
tu viva	vivessi
lui viva	vivesse
noi viviamo	vivessimo
voi viviate	viveste
loro vivano	vivessero

futuro	*condizionale*
io vivrò	vivrei
tu vivrai	vivresti
lui vivrà	vivrebbe
noi vivremo	vivremmo
voi vivrete	vivreste
loro vivranno	vivrebbero

Een uitdrukking met *vivere* is:
Vivi e lascia vivere. – Leven en laten leven.

voegwoorden

Voegwoorden zijn *congiunzioni*. Ze staan meestal aan het begin van een zin en leggen het verband tussen de hoofdzin en de bijzin. Sommige voegwoorden staan na de eerste woorden van een zin: *dunque, infatti, cioè, però, tuttavia, anzi, nondimeno, almeno.*
Dunque, abbiamo pensato di non andarci. – We dachten dus om niet te gaan.

Abbiamo dunque pensato di non andarci.
Abbiamo pensato dunque di non andarci.
Abbiamo pensato di non andarci dunque.
Na sommige voegwoorden volgt een *indicativo*, na andere een *congiuntivo*.
Wanneer het onderwerp in hoofdzin en bijzin gelijk is, kan het voegwoord vervangen worden door een *gerundio*.

voegwoorden van doel

- *affinché (non) + congiuntivo* ('opdat')
  Ti pagherò affinché non lo faccia! – Ik zal je betalen, opdat je het niet zult doen!
- *perché + congiuntivo* ('opdat')
  Ti avverto perché non dimentichi. – Ik waarschuw je opdat je het niet vergeet.

voegwoorden van tijd

- *dopo + infinito passato* ('na')
  Dopo essere stato a casa vengo subito da te. – Na thuis te zijn geweest, kom ik meteen naar je toe.
- *dopo che + indicativo* ('nadat')
  Dopo che sono stato a casa vengo subito da te. – Nadat ik thuis ben geweest kom ik meteen naar je toe.
- *finché + indicativo* ('zolang')
  Finché c'è speranza c'è vita. – Zolang er hoop is, is er leven.
- *finché non + indicativo* ('totdat')
  Finché non ha telefonato, mi preoccupo. – Ik maak me ongerust, totdat hij heeft opgebeld.
- *mentre + indicativo* ('terwijl')
  Luigi legge un libro mentre Maria guarda la tv. – Luigi leest een boek, terwijl Maria televisie kijkt.
- *prima che + congiuntivo* ('voordat')
- Faceva bello prima che venissi tu. – Voordat jij kwam was het mooi weer.
- *prima di + infinito* ('voordat')
  Prima di venire qui abbiamo fatto la spesa. – Voordat we hierheen kwamen, hebben we boodschappen gedaan.
- *quando + indicativo* ('wanneer', 'zodra', 'toen')
  Mi ha salutato quando mi vedeva. – Hij groette mij toen hij me zag.

voegwoorden van reden en gevolg

- *perché + indicativo* ('omdat')
  Me ne vado perché mi annoio. – Ik ga omdat ik me verveel.
- *siccome + indicativo* ('omdat', 'aangezien')
  Siccome mi annoio, me ne vado. – Aangezien ik me verveel, ga ik.
- *così..che + indicativo* ('zo...dat')
  Piero fa sempre così cattivo che tutti lo odiano. – Piero doet altijd zo vervelend, dat ze een hekel aan hem hebben.

voegwoorden van manier

- *come se + congiuntivo* ('alsof')
  Il cane era molto arrabbiato, come se vedesse un gatto. – De hond was heel boos, alsof hij een kat zag.
- *senza che + congiuntivo* ('zonder dat')
  È uscito senza che i suoi lo sapessero. – Hij is uitgegaan zonder dat zijn ouders het wisten.

voi

Zie 'persoonlijk voornaamwoord'.

volere

Volere betekent 'willen'. Het voltooid deelwoord is *voluto*, het hulpwerkwoord is *avere*.

ind. presente	*imperfetto*	*passato remoto*	*imperativo*
io voglio	volevo	volli	–
tu vuoi	volevi	volesti	–
lui vuole	voleva	volle	voglia
noi vogliamo	volevamo	volemmo	–
voi volete	volevate	voleste	vogliate
loro vogliono	volevano	vollero	vogliano

congiuntivo presente	*congiuntivo imperfetto*
io voglia	volessi
tu voglia	volessi
lui voglia	volesse
noi vogliamo	volessimo
voi vogliate	voleste
loro vogliano	volessero

futuro	*condizionale*
io vorrò	vorrei
tu vorrai	vorresti
lui vorrà	vorebbe
noi vorremo	vorremmo
voi vorrete	vorreste
loro vorranno	vorrebbero

volerci

Volerci ('nodig hebben' of 'nodig zijn') wordt in derde persoon enkelvoud gebruikt als een zelfstandig naamwoord of tijdsaanduiding in het enkelvoud volgt.

Ci vuole un' ora per arrivare alla stazione. – Het kost een uur om bij het station te komen.

Volerci wordt in de derde persoon meervoud gebruikt wanneer het zelfstandig naamwoord of de tijdsaanduiding in het meervoud staat.

Ci vogliono tante persone per falro. – Er zijn veel mensen voor nodig om dat te doen.

volgorde zinsdelen

Zie 'plaats'.

voltooid deelwoord

Zie 'participio passato' en 'passato prossimo en accordo'.

voornaamwoord

Zie 'aanwijzend voornaamwoord', 'betrekkelijk voornaamwoord', 'bezittelijk voornaamwoord', 'onbepaald voornaamwoord', 'persoonlijk voornaamwoord', 'vragend voornaamwoord', 'wederkerend voornaamwoord' en 'wederkerig voornaamwoord'.

voornamen

Bijna alle voornamen in Italië verwijzen naar een heilige. Daarom is het ook zeer gebruikelijk om naast je verjaardag ook je 'naamdag' te vieren.

Zie ook 'onomastico'.

voorvoegsel

Hiermee kan men een absoluut overtreffende trap tot uitdrukking brengen. Het wordt voor het bijvoeglijk naamwoord geplakt.

- *arci-* ('uiterst') arcicontento – dolblij
- *stra-* ('exceptioneel') straordinario – buitengewoon
- *ultra-* ('boven alles uit') ultrasuono – ultrasoon geluid (niet door mensen waar te nemen)
- *super-* ('boven') supersonico – supersonisch
- *extra-* ('buiten') extraurbano – buiten de stad

voorzetsels

Voorzetsels drukken vele verschillende dingen uit. Vaak heeft men de keus uit meer dan één voorzetsel om iets uit te drukken. Er bestaan geen vaste regels en het gebruik ervan is zo complex en veelvuldig dat volstaan wordt met het noemen van de voornaamste: *di, a, in, su, per, sopra, sotto.*

voorzetsel + bepaald lidwoord

De voorzetsels *a, da, di, in* en *su* gevolgd door het bepaald lidwoord worden tot één woord gemaakt.
Vado al (a + il) mercato.

	il	lo	la	l'	i	gli	le
a	al	allo	alla	all'	ai	agli	alle
da	dal	dallo	dalla	dall'	dai	dagli	dalle
di	del	dello	della	dell'	dei	degli	delle
in	nel	nello	nella	nell'	nei	negli	nelle
su	sul	sullo	sulla	sull'	sui	sugli	sulle

Zie ook 'samentrekking voorzetsel met bepaald lidwoord'.

vostro

Zie 'bezittelijk voornaamwoord'.

vraagwoord

De vraagwoorden zijn *dove* ('waar'), *come* ('hoe'), *quando* ('wanneer'), *perché* ('waarom'), *chi* ('wie'), *che* ('wat'), *quale* ('welk') en *quanto* ('hoeveel').
Vraagwoorden worden ook gebruikt in uitroepen.
Che bella macchina! – Wat een mooie auto!
Come è carino! – Wat een knapperd!

vragende voornaamwoorden

De vragende voornaamwoorden *quale* ('welke') en *quanto* ('hoeveel') worden zowel zelfstandig als bijvoeglijk gebruikt en zijn veranderlijk.

vragende zin

De volgorde in een vragende zin is vraagwoord – werkwoord – onderwerp. Eventueel kan het onderwerp ook voor het werkwoord of vraagwoord komen te staan, dat hangt af van waar de nadruk komt te liggen. Een vragende zin kan ook zonder vraagwoord voorkomen. Het is dan precies een bevestigende zin en alleen aan de intonatie en het vraagteken kun je zien/horen dat het een vraag is.
La ragazza è bionda. – Het meisje is blond.
La ragazza è bionda? – Is het meisje blond?

vrouwelijk

Zie 'geslacht'.

vrucht

Vruchten zijn in het Italiaans vrouwelijk, want er wordt *la frutta* bij gedacht.
la mela, la noce, la ciliegia – de appel, de noot, de kers
Uitzonderingen zijn *il limone* ('de citroen'), *l'ananasso* ('de ananas') en *il mandarino* ('de mandarijn').

W

w

De *w* heet in het Italiaans *doppia v*; de *w* is geen Italiaanse letter. Dit betekent dat de woorden met een *w* die je tegenkomt in het Italiaans leenwoorden zijn.
il Walzer ('de wals'), il western ('de western')

wanneer, als

Zie 'als, wanneer'.

wat

'Wat' wordt vertaald met *che*, *che cosa* of *cosa*. Als vraagwoord kan het zowel zelfstandig als bijvoeglijk worden gebruikt.
Che ne pensi? – Wat denk je ervan?
Che wordt ook gebruikt in uitroepen:
Che bello! – Wat mooi!
Che brutto tempo! – Wat een slecht weer!

wederkerend voornaamwoord

mi – me
ti – je
si – zich (ook *sé* of *se stesso/-a*, bij meer nadruk en ná het werkwoord)
ci – ons
vi – je
si – zich (ook *sé* of *se stessi/-e*).

Een wederkerend voornaamwoord staat bij een wederkerend werkwoord. Het staat achter de *infinito* vastgeplakt of bij vervoeging direct voor de werkwoordsvervoeging.
Zie ook 'persoonlijk voornaamwoorden'.
Devo ancora vestirmi. – Ik moet me nog aankleden.
Mi vesto subito. – Ik kleed me direct aan.

Wederkerende voornaamwoorden kunnen ook een wederkerige betekenis krijgen.
Ci salutiamo. – Wij groeten elkaar.

wederkerend werkwoord

Een wederkerend werkwoord wordt op dezelfde manier vervoegd als een niet-wederkerend werkwoord. Het heeft altijd een wederkerend voornaamwoord bij zich en in de *passato prossimo* wordt het altijd met *essere* vervoegd. Sommige werkwoorden hebben zowel een wederkerende vorm als een niet-wederkerende. De betekenis verschilt dan!
chiamare ('roepen','bellen'), chiamarsi ('heten')
alzare ('optillen'), alzarsi ('opstaan')

De vervoeging van *chiamarsi* is als volgt:

ind. presente	*imperfetto*	*passato remoto*	*imperativo*
io mi chiamo	mi chiamavo	mi chiamai	–
tu ti chiamo	ti chiamavi	ti chiamasti	chiamati
lui si chiama	si chiamava	si chiamò	si chiami
noi ci chiamiamo	ci chiamavamo	ci chiamammo	chiamiamoci
voi vi chiamate	vi chiamavate	vi chiamaste	chiamatevi
loro si chiamano	si chiamavano	si chiamarono	si chiamano

congiuntivo presente	*congiuntivo imperfetto*
io mi chiami	mi chiamassi
tu ti chiami	ti chiamassi
lui si chiami	si chiamasse
noi ci chiamiamo	ci chiamassimo
voi vi chiamiate	vi chiamaste
loro si chiamini	si chiamassero

futuro	*condizionale*
io mi chiamerò	mi chiamerei
tu ti chiamerai	ti chiameresti
lui si chiamerà	si chiamerebbe
noi ci chiameremo	ci chiameremmo
voi vi chiamerete	vi chiamereste
loro si chiameranno	si chiamerebbero

weer

Het weer (*il tempo*) wordt aangeduid met het werkwoord *fare*:
Fa caldo oggi. – Het is warm vandaag.
Piove. – Het regent. (la pioggia – de regen)
Nevica. – Het sneeuwt. (la neve – de sneeuw)
Grandina. – Het hagelt. (le grandine – de hagel(stenen))

Tira vento. – Het waait. (il vento – de wind)
tempo sereno – helder weer
tempo mite – zacht weer
nuvoloso – bewolkt
coperto – zwaar bewolkt
È nebbioso. – Het is mistig. (la nebbia – de mist)
tempo variabile – onbestendig weer
tempo stabile – bestendig weer
tempo bello – mooi weer
tempo brutto – slecht weer
tempo primaverile – lenteachtig weer
tempo estivo – zomers weer
tempo autunnale – herfstachtig weer
tempo invernale – winters weer

werkdag

Een werkdag is een *giorno feriale*.

werkwoord

Een werkwoord is een *verbo*.

werkwoordstijden

Zie 'regelmatige werkwoorden'.

werkwoordsvervoegingen

Zie 'regelmatige werkwoorden'.

werkwoordsvormen

Zie 'regelmatige werkwoorden'.

wensen uiten/vragen

Bij het uiten van wensen of het stellen van vragen gebruik je *preferire*.
Preferisco un gelato. – Ik heb liever een ijsje.
Ook *volere* kan worden gebruikt:
Vorrei una coca. – Ik zou graag een cola willen.

wie

Het vraagwoord *chi* wordt zowel zelfstandig als bijvoeglijk gebruikt. Het werkwoord dat volgt op *chi* (als *chi* onderwerp is) staat altijd in het enkelvoud. Het antwoord kan natuurlijk wel in het meervoud staan.

Chi ha portato Andrea alla stazione? I miei genitori. – Wie heeft Andrea naar het station gebracht? Mijn ouders.

woordschikken

Zie 'bevestigende zin', 'vraagzinnen' en 'nadruk op een zinsdeel'.

X

x

De *x* komt niet voor in het Italiaanse alfabet. Alle woorden met een *x* in het Italiaans zijn dus leenwoorden.
xenofobia – xenofobie

Y

y

De *y* komt niet voor in het Italiaanse alfabet. Alle woorden met een *y* in het Italiaans zijn dus leenwoorden.
lo yacht ('het jacht'), lo yogurt ('de yoghurt')

Z

z
Zie 'onzuivere s'.

zelf

'Zelf' wordt vertaald met *stesso*. Het staat achter het zelfstandig naamwoord (bij nadruk ervoor).
L'ha fatto lui stesso. – Dat heeft hij zelf gedaan.

zelfstandig naamwoord

Zie 'geslacht'.

zelfstandige naamwoorden die een persoon of beroep aanduiden

De meeste persoonsaanduidingen die eindigen op *-o* of *-e* hebben een vrouwelijke vorm op *-a*.
il ragazzo – la ragazza (de jongen – het meisje)
il signore – la signora (de meneer – de mevrouw)
Persoonsaanduidingen die eindigen op *-ante*, *-ente*, *-ista*, *-ese* zijn onveranderlijk voor zowel mannelijke als vrouwelijke woorden.
l'insegante – de onderwijzer(es)
il collega, la collega – de collega (m/v)
Behalve:
studente, studentessa – de student, de studente

Persoonsaanduidingen die eindigen op *-tore*, hebben een vrouwelijke vorm op *-trice*.
il direttore, la direttrice – de directeur, de directrice

zelfstandig naamwoord + voorzetsel + ander zelfstandig naamwoord

Twee zelfstandige naamwoorden worden met elkaar verbonden door er een voorzetsel tussen te zetten.

- *di* (geeft een materiaal aan)
  un bicchiere di vino – een glas wijn
- *da* (geeft het doel, de bestemming aan)
  un bicchiere da vino – een wijnglas

- *a* (geeft de uitrusting aan)
  un televisore a colori – een kleurentelevisie

zelfde
'Zelfde' wordt vertaald met *stesso* of *medesimo*. De plaats in de zin is voor het zelfstandig naamwoord.
Abbiamo lo stesso padre. – We hebben dezelfde vader.

zelfs
'Zelfs' wordt vertaald met *perfino* of *anche*.

zelfs niet
'Zelfs niet' wordt vertaald met *neanche*, *nemmeno* of *neppure*.

zichzelf
'Zichzelf' wordt vertaald met *sé* of *se stesso*.
Zie ook 'wederkerend voornaamwoord'.

zijn, staan, zitten
Zie 'liggen, staan'.

zo
'Zo' wordt vertaald met *così*.

Zo is het toevallig ook nog eens een keer!
'Zo is het toevallig ook nog eens een keer': *Così è per caso anche ancora una volta*.
Dit is totaal verkeerd vertaald! Het is een Nederlandse zin vol kleine partikels en toont heel duidelijk aan hoe moeilijk dat soort woordjes in een vreemde taal te vertalen zijn om de exacte betekenis weer te geven.

zoals
'Zoals' wordt vertaald met *(così) come* of *(tale) quale*.
Te l'ho detto, come l'ho detto a lui. – Ik heb het je verteld zoals ik het hem heb verteld.

zoveel
'Zoveel' wordt vertaald met *così tanto*.

Literatuurlijst

Beretta, N. & Gatti, F.: *Italia in affari,* Turijn, SEI, 1997

Bonora, E.: *Storia della letteratura italiana,* Torino, Petrini, 1977

Brambilla, R. & Crotti, A.: *Buongiorno – nieuw,* Amsterdam/Antwerpen, Intertaal, 1999

Brambilla, R., Crotti, A. & Mack, B.: *Buonasera a tutti,* Amsterdam/Antwerpen, Intertaal, 2000

Brinker, dr. J.H.: *Prisma Grammatica Italiaans,* Utrecht, Het Spectrum B.V., 1997

Cesari, L. de: *Dizionario degli errori e dei dubbi grammaticali,* Rome, Newton Compton editori s.r.l., 1995

Emidio de Felice – Aldo Duro: *Dizionario della lingua e della civiltà italiana contemporanea,* Palermo, Palumbo, 1985

Hijmans-Tromp, dr. I.: *Italiaanse grammatica,* Arnhem, van Loghum Slaterus, 1964

Kooijman, A. & Di Palermo, C.: *De Taalvos Italiaans. Valstrikken in de Italiaanse taal II,* Amsterdam, Uitgeverij Thomas Rap, 2000

Rovere-Fenati, B. & von Albertini, L., *Corso Italia 1 – werkboek,* Amsterdam/Antwerpen, Intertaal, 1994

Simula, S.: *Grammatica in gebruik – Italiaans,* Amsterdam/Antwerpen, Intertaal, 2000

Sorge, P.: *Dizionario delle parole difficili,* Rome, Newton Compton editori s.r.l., 1994

Trentini, A.: *I verbi italiani,* Milaan, Hoepli, 1984

Zingarelli, N.: *Il nuovo zingarelli minore – vocabolario della lingua italiana*, Bologna,N. Zanichelli